Mario Porten

Frischer Wind für Ihre Gedanken

Das knallrote Cabrio
Band 3

52 weitere Impulse zur Selbstreflexion

CW01072335

Mario Porten

Frischer Wind für Ihre Gedanken

Das knallrote Cabrio Band 3

52 weitere Impulse zur Selbstreflexion

Impressum

1. Auflage 2024

Umschlaggestaltung: Mario Porten
Bildrechte Cover und Seiten 24 und 109: Mario Porten

Bibliografische Information der Deutschen Nationalbibliothek: Die Deutsche Nationalbibliothek verzeichnet diese Publikation in der Deutschen Nationalbibliografie; detaillierte bibliografische Daten sind im Internet über http://dnb.dnb.de abrufbar.

Korrektorat: Verena Porten
Verlag: BoD • Books on Demand GmbH, In de Tarpen 42, 22848 Norderstedt
Druck: Libri Plureos GmbH, Friedensallee 273, 22763 Hamburg

ISBN: 978-3-7597-3402-0

Inhaltsverzeichnis

Kurzimpulse   181

Vorwort

Liebe Leserinnen und Leser,

es ist mir eine Freude, Sie zum dritten Teil meiner Buchreihe „Das knallrote Cabrio" zu begrüßen. In diesem dritten Band stelle ich Ihnen weitere 52 Impulse zur Selbstreflexion zur Verfügung und lade Sie ein, Ihre eigene Situation zu spiegeln und für sich individuelle Erkenntnisse zu ziehen.

Wenn Sie die ersten beiden Teile dieser Buchreihe nicht gelesen haben, schlage ich Ihnen vor, zunächst das Vorwort des ersten Bandes zu lesen. Es steht Ihnen in diesem Buch ab Seite 240 zur Verfügung. Die dort dokumentierten grundlegenden Aspekte gelten auch für diesen dritten Band.

Gegenüber den ersten zwei Bänden ergeben sich für diesen dritten Band zwei Änderungen:

1.Die Impulse sind nicht mehr nach Themengebieten geordnet. Die teils umfangreichen Texte bieten mehrere Reflexionsmöglichkeiten, so dass sich die feste Zuteilung zu Themengebieten für diesen Band nicht mehr angeboten hat. Die Impulse folgen einer losen Reihenfolge, bei der ich mich für Sie um Abwechslung bemüht habe. Dass einige wesentlichen Aspekte in mehreren Impulsen angesprochen werden, liegt jedoch in der Natur der Sache.

2. Die Impulse haben diesmal deutlich unterschiedliche Längen. Im ersten Teil des Buches habe ich 33 ausführlichere Impulse zusammengestellt. Im zweiten Teil folgen 19 Kurzimpulse mit je zwei Seiten.

Ich hoffe, dass Sie auch diesmal aus möglichst vielen Texten für sich den ein oder anderen Impuls, eine Anregung oder eine neue Sichtweise mitnehmen können. Bitte denken Sie auch bei diesem Band daran, dass Sie für sich das Optimum aus diesem Buch „herausholen" werden, wenn Sie sich auch Zeit zum Nachdenken gönnen. Das Buch ist – wie schon die ersten beiden Bände – nicht dazu gedacht, dass Sie es „in einem Rutsch" durchlesen.

Gleichzeitig verabschiedet sich das „Knallrote Cabrio" mit diesem dritten Band von Ihnen. Jede Idee hat Ihre Zeit und meine Idee, die ich mit dieser Buchreihe verfolgt habe, ist erfolgreich umgesetzt. Neue Projekte erfordern auch, dass man sich von anderen trennt.

Wie immer möchte ich, dass Sie im Leben zufriedener und damit auch erfolgreicher sind, weil ich überzeugt bin, dass es nur in dieser Reihenfolge funktioniert. Dafür steigen Sie nun gerne ein, öffnen Sie das Verdeck und lassen Sie sich den frischen Fahrtwind durch Ihre Gedanken wehen.

Danke für Interesse an meinem Buch und viel Freude bei der Lektüre!

Herzlichst
Ihr
Mario Porten
im Herbst 2024

1 Ich habe Corona

Auch das Denken schadet bisweilen der Gesundheit.

Aristoteles

Meine Stimme klingt etwas anders als sonst, was daran liegt, dass ich mich gerade in Quarantäne befinde, ich habe Covid19. Meine anders klingende Stimme ist noch ein Rest der Covid-Symptome, die mich in der letzten Woche heimgesucht haben. Eigentlich wollte ich Corona unbedingt umgehen, weil man doch so viel über Spätfolgen hört. Also war ich auch eifrig zum Impfen und Boostern. Inzwischen bin ich dreimal geimpft und hatte gehofft, an Covid19 vorbeizukommen. Nun hat es mich doch erwischt.

Es begann am letzten Wochenende ganz plötzlich mit belegter Stimme. Am nächsten Morgen Schnupfen, dicker Kopf. Okay, vorsichtshalber mache ich dann doch mal einen Schnelltest, und der war positiv. Naja, der ist bestimmt falsch, ging es mir spontan durch den Kopf. Ich warf ihn weg und machte einen zweiten, doch auch der war leider positiv. Okay, nach allen Erfahrungen, die ich bisher gemacht habe, auch im familiären Umfeld, waren diese Tests immer sehr zuverlässig. Wenn Sie positiv waren, wurden sie auch bestätigt. Also mache ich mich auf ins Testzentrum und lasse mich testen.

Kaum komme ich zu Hause wieder durch die Tür, klingelt auch schon das Telefon und die freundliche Testerin sagt: „Lieber Herr Porten, Ihr Test ist positiv. Bitte 10 Tage in Quarantäne! Nächste Woche Montag können Sie sich freitesten."

Spontan schießt es mir durch den Kopf: Verdammt, wo habe ich das jetzt her? Ich habe seit Corona meine Kontakte sehr eingeschränkt, mich an die die Vorschriften gehalten und im Umgang mit anderen immer Maske getragen. Mit Menschen war ich natürlich in Kontakt und auch einige Coachings haben in der letzten Woche stattgefunden, allerdings mit Klienten, die nachweislich alle gesund waren. Aber wer kann das bei der aktuellen Infektionslage und den hunderttausenden Infektionen pro Tag schon sicher sagen.

Als ich dem ersten meiner Freunde davon erzähle, dass es mich erwischt hat, lautet die Standardfrage ebenfalls: „Wo hast Du das her?" Diese Frage kann man wahrscheinlich gar nicht mehr beantworten, jedenfalls ich nicht und sie führt mich auch nicht weiter, denn ich habe es und ich muss jetzt damit umgehen.

Aber es ist so typisch für uns -gerade in Deutschland- wir suchen so oft nach der Frage von Schuld. Wer ist schuld, dass ich jetzt Covid19 habe? Niemand natürlich, wahrscheinlich war es sogar gänzlich unvermeidlich und es wird mehr oder weniger jeden von uns im Laufe dieser Pandemie irgendwann einmal treffen. Also suchen wir nicht nach Schuldigen. „Das bringt doch nichts", sage ich zu mir selbst und akzeptiere es, wie es ist.

Das erlebe ich übrigens auch ganz oft in vollkommen anderen Kontexten und bei vielen meiner Klienten. Wir suchen so gerne nach Schuldigen, anstatt nach Lösungen. Fehler zu vermeiden und beim nächsten Mal nicht den gleichen Fehler nochmals zu machen, das ist natürlich gut: Fehler als Chance zum Lernen. Schuldige suchen, oft mit sehr viel Aufwand, mit sehr viel Akribie und Energie, die dann für anderes nicht zur Verfügung steht, das bringt uns selten voran.

In den letzten Tagen, insbesondere während olympischen Winterspiele in Peking, habe ich oft gehört: „Ich bin völlig symptomfrei, ich sitze fünf Stunden am Tag

auf dem Ergometer und halte mich fit für den Wettkampf."
Nein, so ist Corona bei mir nicht. Ich habe Symptome
und zwar für meine Verhältnisse genug: Husten, Schnupfen, dicker Kopf, Fieber. Spontan, ich kann es gar nicht
vermeiden, gehen mir die Bilder durch den Kopf, die ich
im Fernsehen in den letzten beiden Jahren vielfach gesehen habe und meine Gedanken sagen: „Hoffentlich wird
das nicht schlimmer."

Objektiv betrachtet habe ich wohl das, was man eine „dicke Erkältung" nennen würde. Das wäre doch genau das,
was wir für Covid19 einen milden Verlauf nennen. Aber
meine Gedanken kreisen zunächst mal in die Richtung,
ob ich vielleicht doch ins Krankenhaus muss, wenn das
Ganze schlimmer wird. Für ein paar Momente geht mir
sogar ein Modellbaufreund durch den Kopf, der Corona
nicht überlebt hat. Das ist völlig übertrieben, denn so
schlecht geht es mir bei weitem nicht. Aber, um ganz ehrlich zu sein, für ein paar Momente kann ich nicht verhindern, dass meine Gedanken abschweifen - und das nicht
nur einmal.

Da sehen wir wieder, wie sehr unsere Gedanken beeinflussen, wie es uns geht. Wie sehr die Bilder, die unser
Gehirn gespeichert hat, mit uns etwas machen. Die Bilder, die ich so oft im Fernsehen gesehen habe, in den
vielen Stunden der Coronaberichterstattung, die ich nur
in minimaler Weise überhaupt verfolgt habe. Aber ein
paar Bilder sind halt doch hängengeblieben. Da möchte
ich auf keinen Fall hin. Das macht mir ein paar Momente
lang Angst, doch dann raffe ich mich zusammen und be-
sinne mich: Also, ich habe eine dicke Erkältung, die habe
ich schon ganz oft in meinem Leben gehabt, die werde
ich immer wieder bekommen, und damit ist es auch gut.
Außerdem befinde ich mich in „Luxusquarantäne", denn
zum einen haben wir ein großes Haus, in dem ich mich
bewegen kann und zum anderen scheint draußen die

Sonne und es ist herrlich. Also setze ich mich auf die Terrasse in die Sonne.

Die Sonne tut mir gut und bringt mich auch gleich auf positive Gedanken. Die Wärme lindert meinem Husten und der lässt schnell nach. Ich habe auch nicht viele Termine absagen müssen in dieser Woche, weil externe Termine in dieser Woche nicht anstanden und bis zu den externen Terminen in der nächsten Woche bin ich hoffentlich wieder fit. Da ging es anderen Menschen sicherlich viel schlimmer. Ich bin also eher privilegiert. Ich kann die Sonne jetzt die ganze Woche genießen, denn der Wetterbericht lautet: Sieben Tage Sonne, den ganzen Tag von morgens bis abends. Eigentlich geht es mir also gut und ja, diese Erkältung geht schon vorbei und schlimmer wird sie auch nicht. Jetzt ist das Ganze schon ein paar Tage her und seit zwei Tagen geht es mir auch deutlich besser, sonst könnte ich diesen Impuls gar nicht schreiben.

Fazit: Es war sinnvoll, dass ich mich habe impfen lassen, denn ganz offensichtlich tut die Impfung genau das, was sie sollte: Sie verhindert einen schweren Verlauf. Sie hat nicht verhindert, dass ich Covid19 bekommen habe und vielleicht kann man das auch gar nicht erwarten, wenn jeden Tag einhunderttausend Menschen in Deutschland daran erkranken. Inzwischen freue ich mich darauf, dass ich mich am Montag freitesten kann, und dann habe ich Corona hinter mir.

Ich musste durch ein paar dunkle Gedanken gehen, vielleicht gehört auch das einfach dazu. Aber sobald ich mir klar machte, dass es mir prinzipiell gut geht, und dass meine Symptome nicht schlimm sind und auch nur einer ganz normalen Erkältung entsprechen, ab diesem Moment war alles gut. Meine Gedanken bestimmen, wie ich mich fühle, aber ganz ehrlich, es war dann doch anders, Krankheitssymptome zu haben und zu wissen, es ist Covid19 oder die gleichen Krankheitssymptome zu haben und es nicht zu wissen.

Auch das gehört dazu und wird uns im Leben immer wieder begegnen: Ich weiß, wo etwas herkommt, und das, wo es herkommt, ist nicht gerade angenehm. Aber wir haben es eben selbst in der Hand und deswegen wollte ich Sie auch gerne an meiner Corona-Erkrankung teilhaben lassen. Auch, um Ihnen mit auf den Weg zu geben: Sie haben es auch in der Hand, Ihre Gedanken zu bestimmen und damit wie Sie sich fühlen. Als ich in der Sonne saß und diese genießen konnte, merkte, wie sie meinen Erkältungssymptomen guttat und wie es plötzlich gar nicht mehr so schlimm war, sogar von Tag zu Tag besser wurde, da hat auch für mich Covid19 sehr schnell allen Schrecken verloren. Ob ich nun langfristig Symptome behalte? Das weiß ich aktuell nicht, aber ich gehe inzwischen einfach nicht davon aus. Ich hatte keine Beeinträchtigung des Geschmacks und keine Beeinträchtigung des Geruchssinns, keine Atembeschwerden. Warum also sollten bei mir irgendwelche Langzeitfolgen bleiben? Würde ich mir das jetzt ausmalen, wären das doch reine Hirngespinste und da gilt dann wieder einmal der Spruch zweier Coaching-Kollegen von mir, die einmal gesagt haben: „Was nicht ist, ist nicht!" Und wir müssen auch nichts erfinden, insbesondere keine dunklen Wolken an den Horizont malen. Mir geht es bald wieder vollständig gut und darauf freue ich mich!

Noch ein Randaspekt in diesem Impuls, den ich zusätzlich gerne ansprechen möchte:

Sie sehen, ich verarbeite meine Themen heute weitgehend dadurch, dass ich sie mit Ihnen teile, Sie an meinen Gedanken teilhaben lasse und sie Ihnen als Selbstreflexionsimpuls oder auch als Podcast zur Verfügung stelle. Wie verarbeiten eigentlich Sie die Themen, die Sie beschäftigen? Fressen Sie diese klassisch in sich hinein? Teilen Sie Ihre Themen mit guten Freunden? Haben Sie jemanden, mit dem Sie darüber sprechen können?

Nehmen Sie auch einen Podcast auf, um andere daran teilhaben zu lassen?

Verarbeiten ist wichtig und jeder braucht dafür seine ganz persönliche Strategie. Vielleicht haben Sie ja Ihre schon gefunden, wenn nicht wäre dieser Impuls auch dazu geeignet, sich auf die Suche nach einer solchen Strategie zu machen.

Bleiben Sie gesund, denn, wie wichtig das ist, ist mir in meiner Corona-Woche wieder einmal besonders bewusst geworden.

Freiraum für Ihre Gedanken

2 Der genervte Klient

Always find the time for the things that make you feel
happy to be alive.
Kalenderspruch

Schon eine ganze Weile hörte ich nun meinem Klienten zu, der seine aktuelle Situation zusammenfasste. Es war spürbar anders als an den meisten Coachingtagen. Sein Tonfall war abgehackt, er sprach schnell, eine gewisse Aggressivität lag immer wieder in seiner Stimme. Er schimpfte phasenweise regelrecht und machte dabei so eine Art „Rundumschlag":
„Meine Mitarbeitenden…, die Kunden…, meine Frau…, meine Tochter und ja auch über mich selbst habe ich mich geärgert." So ging das minutenlang und ich ließ ihn reden.

„So, das war jetzt mal abladen", sagte er schließlich und holte tief Luft. Wahrscheinlich hatte er einen ernsten Gesichtsausdruck bei mir erwartet, als er offenbar bemerkte, dass ich lächelte. Ich glaube, er ahnte zumindest unbewusst schon, was gleichkommen würde.

„Abladen beim Coach ist vollkommen ok, dafür bin ich da.", entgegnete ich. „Ich hoffe, es geht Dir jetzt besser und habe zwei Fragen an Dich: Womit möchtest Du anfangen und wie viele Coachingsitzungen hast Du Dir vorgestellt, um all die Themen aufzuarbeiten, die Du in den letzten 15 Minuten aufgerufen hast?"

Er lachte kurz, denn es war klar, dass meine Fragen so nicht ernst gemeint waren. Wenn – wie an diesem Tag bei meinem Klienten – alle und alles ein Problem und nur nervig zu sein scheinen, dann ist das in den allermeisten

Fällen ein deutliches Signal für eine andere Problemlage. Ich war mir meiner Arbeitshypothese ziemlich sicher. Es war offenbar gerade alles zu viel, zu viele Baustellen, zu viel Stress, zu viele Themen und zu viele Energieräuber. Der „Akku" war leer. Die ein oder andere Geschichte, die mein Klient gerade erzählt hatte, war eindeutig eine Lappalie, die ihn im kraftvollen Arbeitsmodus nicht tangiert hätte. Ich kannte ihn schon länger und war mir ziemlich sicher, dass er in den letzten Wochen mal wieder viel zu viel gearbeitet hatte, auf alle Hobbies und alles, was ihm sonst noch guttat und die Akkus auffüllte, verzichtet hatte.

Ich bat ihm zum Fenster und wir lehnten uns entspannt dagegen. „Charly!", sprach ich in an. „Du bist ja mein erfahrener Beraterfreund, Du bist schon weit über 80 Jahre alt, Du hast alles gesehen, Du bist klug und weise und Du hast mir und meinen Kunden schon so oft weitergeholfen. Schön, dass Du heute mal wieder da bist und zugehört hast. Darf ich Dich um Deine höchst professionelle und kompetente Meinung bitten. Was ist denn da bei Heiner (so hieß mein Klient) los?"

Ich schaute Heiner an und er lächelte zurück. Er kannte diese Intervention mit dem „Berater Charly" bereits aus unserer früheren Zusammenarbeit und der Status mit etwas mehr Distanz zum Geschehen, bei dem er gleichzeitig klug und sogar weise war, tat ihm immer gut.

„Ich würde sagen, da hats mal wieder einer gründlich übertrieben, zu viel gearbeitet, auf alles Schöne zu lange verzichtet und ist in allererster Linie jetzt mal wieder genervt von sich selbst. Alle anderen scheinen mir eher so zu sein, wie sie immer sind."

Ach, danke Charly – so einfach ist manchmal die Welt.

Und so war es denn auch an diesem Tag. Mein Klient, den ich schnell wieder bat als Heiner auf seinem Stuhl Platz zu nehmen, hatte es selbst ausgesprochen. Er selbst war sein Problem und das beinhaltete natürlich auch die großartige Erkenntnis, dass er selbst auch der Schlüssel zur Lösung war. Die Aufarbeitung ging denn auch gut von der Hand.

Einen solchen Zustand erlebe ich bei meinen Klienten immer wieder. In sogenannten „Stressphasen" vernachlässigen sie sich selbst und das obwohl in meinem ganzheitlichen Coachingansatz auch immer die Bearbeitung des „Ich-Feldes" ein wesentlicher Aspekt ist. Was tue ich nur für mich? Was ist meine Berufung, wofür bin ich da? Was macht mich glücklich, was schenkt mir Kraft? Wissen tun meine Klienten das zumindest nach der Arbeit mit mir eigentlich immer – sie vergessen es sozusagen. Dann wird der Akku nicht mehr aufgeladen, ist irgendwann leer und die große allgemeine Unzufriedenheit setzt ein.

Heiner brauchte ich an diesem Abend gar nicht weiter zu fragen, er sprudelte los.

„Ja Mario, Du hast ja Recht: Ich war seit Wochen nicht mehr bei meiner Skatrunde. Laufen geht bei dem Wetter auch gerade nicht, ja sag nichts, ich weiss, ist eine Ausrede. Und meine guten Freunde habe ich auch schon lange nicht mehr getroffen."

„Dein „Ich Feld" ist also…", begann ich den Satz. „Leer!", kam es von Heiner, wie aus der Pistole geschossen.

Also schrieb er auf, was er in den nächsten Wochen konkret tun wollte, um seinen Akku aufzuladen. Ein Versprechen an sich selbst.

Wir sprachen noch kurz über die vielen Themen, die aus ihm herausgesprudelt waren und filterten die heraus, über die wir wirklich im Coaching reden mussten. Es waren nur zwei.

Mit Heiner war es an diesem Tag für mich nicht schwer, ihn wieder auf den „rechten Weg" zu bringen. Manchmal aber erlebe ich auch Menschen, die die Frage „Was tut Dir gut?" gar nicht beantworten können. Das „Ich-Feld" war so lange leer, dass ihnen nicht klar ist, was sie tun können, um ihren Akku wieder aufzuladen. Deshalb ist das in meiner Arbeit fast immer ein ganz wesentlicher Bestandteil: finde Deine Kraftquellen, suche die Möglichkeiten, sie zu pflegen und lade den Akku regelmäßig auf. Über sich selbst kann man bekanntlich nie genug wissen – allen voran sollten wir wissen, was uns guttut.

Wie ist das also gerade bei Ihnen? In welchem Gesamtzustand sind Sie aktuell – eher sehr ausgeglichen oder geht Ihnen momentan alles „auf den Geist"?

Was füllt Ihr „Ich-Feld" und wie regelmäßig nehmen Sie sich Zeit dafür?

Was – ganz konkret – wollen Sie in der kommenden Woche tun, um Ihren Akku mal wieder aufzuladen?

Freiraum für Ihre Gedanken

3 99

Verändere Deinen Fokus, und du veränderst Dein Leben.

Christian Bischoff

Ich spiele sehr gerne Darts. Aktuell spiele ich mangels eines vorhandenen Gegners ein Trainingsspiel gegen den Robot, einen virtuellen Gegner auf dem Tablet.

Ich schaue auf mein Scoreboard und habe 99 Punkte Rest. Ich ärgere mich, denn 99 ist ein Finish, dass man sich als Darts-Spieler nicht gerne stehen lässt. Es ist die einzige zweistellige Zahl, die man nur mit drei Pfeilen auf null spielen kann, denn es gibt keine Möglichkeit, mit nur einem geworfenen Pfeil auf eine gerade Zahl zu kommen, die ein Finish ermöglicht. Das wären Zahlen von 40 und kleiner oder eben 50 für das sogenannte Bullseyefinish. Nichts davon geht. Also kann man nur mit drei Pfeilen auf null kommen, was wiederum bedeutet, ich werde - im besten Fall - nur eine Chance auf das acht Millimeter breite Doppelfeld, das am Ende eines jeden Legs unbedingt getroffen werden muss, um zu gewinnen, bekommen. „Du Depp!", ärgere ich mich. „Jetzt spielst du schon ungefähr 10 Jahre Darts und immer wieder passiert dir so ein Rechenfehler."

Manchmal landet einfach ein Pfeil, nicht da, wo er sollte, und dann hat man ein Finish, das man gar nicht wollte. Das gehört dazu und passiert. In meinem Fall war es aber so: Ich habe einfach schlecht gerechnet. Es war, wie die Darts-Spieler sagen, ein „Miscount". Nun habe ich also 99 Rest. Mein virtueller Gegner wird wahrscheinlich seine Zahl nicht auschecken und im Hintergrund höre ich die Stimme vom Tablet gerade sagen: „Eightyfive!" Damit ist klar, ich komme nochmal dran.

Ich schaue auf das Scoreboard, mein virtueller Gegner hat noch 40 Punkte Rest, was bedeutet, wahrscheinlich wird er mit der nächsten Aufnahme dieses Leg beenden. Ich bin also unter Druck, wenn auch nur gegen mich selbst. Die 99 Punkte müssen weg. Eben habe ich mich noch geärgert, aber mit Ärger kann man nicht Darts spielen. Dann fliegen die Pfeile schlecht und in diesem Moment sagt der virtuelle Caller auch schon: „Mario, you require 99." Mario, Du hast noch 99 Punkte, die gelöscht werden müssen. Also muss ich mich neu orientieren: Fokus auf den Weg. Ich entscheide mich für Triple 19, 10, Doppel 16. Wie fast immer im Darts gibt es viele Wege, die 99 Punkte zu löschen, und viele Doppel, die man am Ende spielen kann. Eigentlich spiele ich Doppel 16 gar nicht so gerne. Ich bin Linkshändler und das Doppelfeld liegt links unten auf dem Bord. Die Doppelfelder links unten sind für mich schwieriger zu treffen, aber die Entscheidung steht.

Nächster Fokus auf das Board, der Ärger ist vorbei. Jetzt ist Konzentration angesagt.

Erster Pfeil: Triple 19 – sitzt! Auch so ein nur acht Millimeter breites Feld und meistens werfe ich daran vorbei.

Zweiter Pfeil: In die große 10 – sitzt! Noch einmal kurz absetzen: Von 10 auf Doppel 16 heißt einmal quer rüber über das Bord auf die andere Seite. Einen einzigen Versuch habe ich.

Dritter Pfeil: Doppel 16 – sitzt!

„Yes!", entfährt es mir. Wie man sich doch selbst unter Druck setzen kann: Ich spiele ja nur gegen den Computer, aber das ist genau das, was ich möchte, die Simulation des echten Spiels. 99 Punkte sind gelöscht!

Ich spiele zwar schon viele Jahre Darts, aber ich bin nur ein Hobbyspieler, und ich würde sagen, in etwa acht von zehn Fällen gelingt mir das 99er-Finish nicht und ich muss ein weiteres Mal an das Board. Diesmal wäre ich wahrscheinlich nicht erneut ans Board gekommen, denn ich hatte ja schon gesagt, mein Gegner hatte nur noch 40 Punkte Rest. Es ist ein wunderbarer Moment des Erfolges. Ich spüre, wie das Adrenalin durch meine Adern schießt. Ich freue mich, aller Ärger ist verpufft und der Freude gewichen.

Was war der Schlüssel zum Erfolg?

Zwei Dinge waren der Schlüssel zum Erfolg, erstens: Akzeptanz.
Ich wollte die 99 nicht, aber ich habe mich verrechnet. Ich musste sie akzeptieren. Alles andere war sinnlos, ohne Akzeptanz ging es nicht. Das ist im Darts-Sport immer so: Man muss akzeptieren, was man auf dem Bord geworfen hat, und sei es noch so blöd.
Zweiter Punkt: Fokussierung. Alle Konzentration, aller Fokus auf die Aufgabe. Diese Aufgabe heißt: 99 Punkte löschen. Ärger ausblenden, Konzentration hochfahren. Wahrscheinlich spiele ich deswegen so gerne Darts. Es

ist auch eine wunderbare Schule des Lebens. Es geht alles sehr schnell, ich habe nicht viel Zeit zu überlegen und muss viele Dinge automatisiert abrufen. Ich muss schnell rechnen und die Spielkombinationen, die auf null führen, auswendig können. Und schließlich muss ich sehr schnell Entscheidungen treffen, wenn mal ein Pfeil nicht da landet, wo er landen sollte und ich das korrigieren muss. Es nützt nichts, sich lange zu ärgern, sondern man muss sich immer wieder schnell neu fokussieren und konzentrieren. Man wird aber auch - zumindest ab und zu - durch wunderbare Ergebnisse wie dieses 99er Finish belohnt.

Für diejenigen, die sich im Darts nicht so auskennen, nochmal kurz die Erklärung:

100 Punkte wären ganz anders gewesen. Man hätte die Zahl mit zwei Pfeilen löschen können: Triple 20 = 60 Punkte und Doppel 20 = 40 Punkte. 99 geht eben nur mit drei Pfeilen und ist deshalb viel schwieriger.

Darts ist eine gute Schule für Konzentration, für Fokussierung und für die Fähigkeit, den Ärger ganz kurz aufflammen zu lassen, aber sofort bei Seite zu legen und sich davon nicht vereinnahmen zu lassen. Sonst geht es nämlich nicht, wer sich über sich selbst ärgert, verliert am Bord jede Kontrolle und hat keine Chance.

Wie geht es denn Ihnen gerade?

Was müssen Sie gerade akzeptieren?

Worauf möchten Sie sich fokussieren?

Was ist gerade Ihre Schule des Lebens?

Nehmen Sie an, was ist und fokussieren Sie sich auf Ihre aktuelle Aufgabe!

Viel Erfolg wünsche ich Ihnen dabei.

Freiraum für Ihre Gedanken

4 Was macht Dich glücklich?

Um glücklich zu sein, muss man wissen,
dass man glücklich ist.
Fernando Pessoa

„Ich möchte ein glückliches Leben führen!"

Das sagte vor ein paar Wochen einer meiner Coaching-nehmer zu mir. Er war – wie man schon erahnen kann – im Moment alles andere als glücklich. Er hatte berufliche, familiäre und gesundheitliche Probleme, alles war gerade etwas zu viel. Kein Wunder, dass er nicht glücklich war.

„Ok, was macht Dich glücklich?", fragte ich meinen Klienten und der sah mich schweigend an.

Mein Klient soll nur der kurze Aufhänger für diesen Bei-trag sein, ich möchte auf ihn nicht weiter eingehen. Bei ihm konnte ich sehr gut verstehen, dass er gerade nicht benennen konnte, was ihn glücklich macht, zu groß wa-ren seine Sorgen. Doch das, was sich auch bei ihm in diesem Moment zeigte, habe ich inzwischen oft erlebt: Alle Menschen suchen das Glück und wollen glücklich sein und wenn ich sie dann frage, wonach sie konkret su-chen, bekomme ich keine Antworten.

Was macht uns glücklich? So oft wird diese Frage ge-stellt, so viele Bücher handeln davon, sogar eine eigene Forschung, die Glücksforschung, befasst sich damit. Und damit ich bitte nicht falsch verstanden werde: Die Ergeb-nisse sind sehr interessant und spannend. Ich lese immer wieder darüber.

Für mich ist dennoch schon die Frage, was macht uns glücklich, falsch. Es gibt nichts, was **uns** glücklich macht, denn Glück ist individuell. Es gibt nur mein Glück, Ihr Glück und das eines jeden einzelnen. Deshalb ist für mich die Suche nach dem Glück immer gleichbedeutend mit einer Einladung zu der interessantesten Reise, die man im Leben antreten kann: Die Reise zu sich selbst!

Auch meinen oben erwähnten Klienten habe ich eingeladen, diese Reise anzutreten, was er gerne tat. Wir müssen zunächst über uns selbst lernen, dann erst finden wir alle unser Glück. Diese Reise ist nicht einfach und sie geht auch nicht schnell. Sie geht nicht in einer Etappe und sie muss vielleicht im Laufe der Zeit wiederholt werden. Sie ist das Gegenteil einer All-inklusiv-Pauschalreise. Die Erkenntnisse über mich selbst wachsen nicht wie reife Früchte auf den Bäumen, die einfach nur gepflückt werden müssen. Manche Erkenntnisse sind sogar tief vergraben und müssen mühsam gesucht und ausgegraben werden. Ohne diese Erkenntnisse aber ist das Glück nicht zu finden.

„Ach ja und übrigens: Wenn ich dann endlich glücklich bin, dann möchte ich es für immer bleiben!"

Ja, wer würde nicht gerne für immer glücklich sein? Aber wie wollten Sie feststellen, dass Sie gerade glücklich sind, wenn es keinen anderen Zustand mehr für Sie gibt? Glücklich ist man hoffentlich immer wieder, aber niemals ständig. Das Glück ist kein Dauerzustand, hoffentlich aber ein häufiger.

Drei wesentliche Erkenntnisse gewannen fast alle meine Klienten und auch ich selbst auf der Suche nach dem glücklichen Leben:

1. Die erste Erkenntnis, zeigt sich sehr schön in einem Zitat von Buddha, der gesagt hat:
   „Das Glück liegt in uns, nicht in den Dingen."
   Glücklich zu sein, hat vor allem mit uns selbst zu tun, mit der Erkenntnis, was uns guttut. Das sind,

zumindest in unserer gut situierten westlichen Welt, nur selten materielle Dinge. Auch die Glücksforschung zeigt uns seit vielen Jahren, dass die glücklichsten Menschen nicht in den reichsten Ländern dieser Erde leben.

2. Die zweite Erkenntnis bringt ein berühmtes Zitat von Wilhelm Busch gut zum Ausdruck:
„Glück entsteht oft durch Aufmerksamkeit in kleinen Dingen."
Damit kommt vor allem eine innere Haltung zum Ausdruck, denn wer das Glück sucht, der muss zuallererst bereit sein, es auch finden zu wollen. Erst wenn ich mit voller Achtsamkeit durch die Welt gehe, werde ich es finden. Denn das Glück ist meist schon da, ich muss es nur sehen. Das fällt vielen Menschen verständlicherweise heute schwer, weil der Stress zu groß, der Terminkalender zu voll und der Blick mit Problemen verstellt ist. Der Weg zum Glück, führt daher immer zuerst zu mir selbst zurück.

Ich gebe Ihnen dazu ein kleines Beispiel aus meinem eigenen Erleben, das sich gerade vor ein paar Tagen zugetragen hat. Es fällt mir spontan ein, weil ich auf eine Frage meiner Frau eine Antwort gegeben habe, nach der sie gar nicht gefragt hat. Ich war schon ein paar Stunden auf, als sie morgens zu mir auf die Terrasse kam und mich fragte: „Geht es Dir gut?"
Ich sagte: „Und wie: Die Morgensonne scheint, der frische, heiße Kaffee schmeckt wunderbar, die Vögel zwitschern und sonst ist es still, die

Eichhörnchen huschen durch den Garten – mehr brauche ich nicht zum Glücklichsein."

Sie merken, es geht nur um mich. Es ist mir egal, was jemand anderes darüber denkt, ich wurde gar nicht danach gefragt, aber ich war in diesem Moment glücklich. Wahrscheinlich hat auch die Anwesenheit meiner Frau unbewusst dazu beigetragen, auch wenn ich das nicht gesagt habe. So ist es übrigens sehr oft, viele Dinge finden in unserem Unterbewusstsein statt und gerade das macht es nicht einfacher, sich wirklich bewusst zu werden, was uns glücklich macht.

Ich erlebe aktuell so viele Menschen, die nach mehr als zwei Jahren Corona-Pandemie geradezu daraufhin fiebern, einige Dinge endlich wieder tun zu können: Konzerte besuchen, große Partys feiern, reisen und vieles mehr. Es ist vielleicht auch eine Zeit, die gut geeignet ist, sich zu fragen, was von alledem macht mich wirklich glücklich? Was führt mich zu mir, was ist nur Schein?

3. Schließlich bleibt noch die dritte Erkenntnis, dass Glücklichsein kein Dauerzustand ist. Glücklich ist man im Moment und je häufiger diese Momente des Glücklichseins sind, desto glücklicher ist das Leben. Ein Dauerzustand ist Glücklichsein nicht.

Für mich ist es inzwischen ein sehr angenehmer Zustand, zu wissen, dass die Reise zu mir und damit zum Glück niemals zu Ende sein wird. Ich werde immer über mich dazu lernen, mein Bewusstsein und meine Achtsamkeit weiterentwickeln und so immer wieder das Glück finden. Wahrscheinlich vor allem dann, wenn ich es gar nicht bewusst gesucht habe.

Nun sind Sie an der Reihe:

Was macht Sie glücklich?

Ich weiß, es ist unfair, Ihnen gleich diese „Monsterfrage" zu stellen. Sehen Sie es als Einladung, die Reise zu sich selbst und damit zum Glück heute zu beginnen, falls Sie es nicht längst getan haben. Und wenn Sie möchten, fangen Sie mit ein paar Fragen an, die vielleicht etwas leichter zu beantworten sind.

Was tut Ihnen gut?

Was wärmt Ihre Seele?

Was können Sie besonders gut genießen?

Was von dem, was Sie schon lange nicht mehr getan haben, möchten Sie unbedingt mal wieder tun? Warum?

Was möchten Sie unbedingt vermeiden, weil es Ihnen nie gutgetan hat?

Ich wünsche Ihnen eine wunderbare, spannende und erfüllende Reise!

Freiraum für Ihre Gedanken

5 Warum hast Du angefangen?

Ich bin frei, ich bin der Wirklichkeit nicht ausgeliefert.
Ich kann sie gestalten.
Paul Watzlawik

„Ich habe diesmal ein etwas anderes Anliegen."
Mit diesen Worten hatte mein Klient bei mir den Spannungsbogen für sein heutiges Coaching schon in dem Telefonat, in dem wir den Termin fixierten, erhöht. Ich ahnte, dass es vielleicht nicht um ein berufliches Thema gehen würde, denn immer wieder hatten wir in den vorangegangenen Terminen auch seine ehrenamtlichen Tätigkeiten, die große Teile seiner Freizeit beanspruchten, gestreift.

„Ok, wofür arbeiten wir beide denn heute zusammen?", warf ich meinem Coachingnehmer nach etwas Smalltalk den Ball zu.

„Ich habe keinen Bock mehr, mich in meinem Sportverband zu engagieren. Sie gehen mir alle auf den Wecker, ich würde am liebsten alles hinschmeißen."

Mein Klient hatte vor rund zwei Jahren den Vorsitz im Spielausschuss eines Sportverbandes übernommen. Mit viel Elan war er gestartet, hatte zahlreiche Ideen eingebracht, wollte viele Dinge neu und zukunftsorientiert gestalten. Sein Ehrenamt kostete ihn viel Zeit und anfangs hatte er sich diese neben seinem anspruchsvollen Job gerne genommen. Es sollte ein Ausgleich sein, andere Themen, andere Menschen, mehr gestalten. Leider zogen die anderen nicht mit: Die Vereine verfolgten eigene

Interessen, die Aktiven auch und seine Mitstreiter auf der Funktionärsebene unterstützten ihn wenig. Bald häuften sich die Frusterlebnisse und aus dem Ausgleich zum Job wurde eine weitere Belastung.

„Na dann, hör doch einfach auf!", warf ich provozierend in den Raum, denn ich wusste natürlich, dass es so einfach nicht sein würde. „Was hält Dich zurück, das Ehrenamt sofort abzugeben?"

Darauf konnte mein Klient keine Antwort geben und begann zu stottern. Er wisse es nicht, es fühle sich auf der einen Seite richtig an, alles hinzuschmeißen. Auf der anderen Seite halte ihn irgendetwas zurück, das auch wirklich zu tun. Nur was, das wisse er auch nicht.

Also machten wir uns auf die Suche und die war nicht einfach.

Mein Klient hatte durch seine Funktion keine Privilegien oder persönliche Vorteile. Er hatte auch keine Familienangehörigen, die aus seiner Funktion einen Nutzen zogen. Eine Vergütung gab es ebenfalls nicht und über Langeweile klagte mein Klient auch ohne sein Amt nicht. Es gab auch keine wirkliche organisatorische Hürde, die er mit einer Amtsaufgabe zu überspringen hätte. Ein Einzeiler mit seinem Rücktritt würde genügen. Und doch war es, als hielte ihn eine unsichtbare Kraft davon ab, aufzuhören.

„Dann müssen wir wohl nochmal die Perspektive ändern", sagte ich zu meinem Klienten, als wir uns nach einer halben Stunde im Kreis drehten. Ich bat ihn zwei Jahre zurückzugehen und mir zu erzählen, wie er damals zu seinem Amt gekommen war. Er war angesprochen worden, dass der Vorsitz des Spielausschusses altersbedingt neu zu besetzen sei. Es liege vieles im Argen und man suche einen engagierten jüngeren Menschen, der Lust habe, die Dinge neu aufzustellen. Mein Klient hatte den Sport früher selbst ausgeübt und über viele Jahre auch seine Kinder in diesem Sportverband begleitet. Er hatte viele Optimierungsansätze erkannt, er wollte es besser machen.

WENN DU AUFGEBEN WILLST, DENK DARÜBER NACH, WARUM DU ANGEFANGEN HAST.

„Ich fand es reizvoll, den Sport für die Aktiven attraktiver zu machen. Ich wollte bessere Voraussetzungen für gute Leistungen schaffen, die Sportler erfolgreicher machen und Erfolge feiern. Ich hatte Lust zu gestalten, Spaß an Veränderung. Mir wurde suggeriert, dass alle anderen jemanden suchen, der die Dinge verändert und vorantreibt. Ich dachte alle wollen mehr Erfolg und sind bereit, mitanzupacken. Doch so kam es ja nicht...".

Jetzt waren wir der Lösung schon ganz nah. Noch ein paar weitere Fragen und mein Klient erkannte, was ihn zurückhielt. Es waren seine Ansprüche an sich selbst. Er wollte nicht aufgeben, wofür er angetreten war. Er besann sich auf die Ziele, die er erreichen wollte. Er würdigte, was er alles versucht hatte, um diese zu erreichen.

Er prüfte, ob es weiterhin möglich war, seine Ziele zu erreichen und was er dafür tun müsste.

„Wie fühlt es sich an, wenn Du Dir bewusst machst, dass Du es selbst bist, der Deinen Rücktritt verhindert?" Er musste einige Momente darüber nachdenken, doch dann erkannte er, dass es eine wertvolle Kompetenz ist, über die er verfügt. Die Kompetenz sich selbst treu zu bleiben, nicht einfach der Schnelllebigkeit nachzugeben und beim ersten Widerstand aufzugeben. Er kämpfte für seine Ideen und für seine Ziele – das fühlte sich für ihn gut an.

Wir machten schließlich eine Pro- und Contra-Tabelle auf einem Flipchart. Was sprach dafür, weiterzumachen und zu versuchen, seine Ideen noch umzusetzen und seine Ziele zu erreichen. Was sprach dafür aufzuhören. Eine Entscheidung traf mein Klient an diesem Abend nicht, diese fiel erst eine Woche später.

Er trat schließlich zurück und als er mir seine Entscheidung am Telefon mitteile, sagte er: „Es war plötzlich so klar, so einfach und es viel mir mit einem Mal ganz leicht, obwohl ich so lange gezaudert habe."

Wir tun uns oft schwer, Dinge zu beenden, weil es sich nach scheitern anfühlt. Wir wollen nicht aufgeben, es fühlt sich nach Niederlage an und wer verliert schon gern? In solchen Momenten ist es wichtig, sich zu erinnern, warum man begonnen hat. Wofür ist man angetreten? Wenn man dann zu dem Ergebnis kommt, alles getan zu haben, die eigenen Ziele zu erreichen, dann ist es oftmals leichter aufzuhören. Man trifft dann eine neue Entscheidung unter neuen Voraussetzungen. Wenn das, wofür man angetreten ist, nicht mehr möglich ist, muss man auch nicht mehr weitermachen. Man kann aufhören, ohne schlechtes Gewissen, ohne Groll und ohne Reue. In vielen Fällen wird man vielleicht auch weitermachen und das ist auch gut so, denn leichtfertig etwas aufzugeben, wofür man aus Überzeugung angetreten ist, wäre schade. Es sich selbst nicht leicht zu machen, ist eine wertvolle Kompetenz.

Wie geht es Ihnen gerade?

Würden Sie gerne „etwas hinschmeißen"?

Haben Sie sich das gründlich überlegt?

Warum haben Sie seinerzeit damit angefangen?

Sind Ihre Ziele noch möglich?

Treffen Sie die richtige Entscheidung.

Freiraum für Ihre Gedanken

6 Stolpern

Wer stolpert, achtet auf den Weg.
Kalenderspruch

Vielleicht geht es Ihnen ja gerade wie mir, als ich den Spruch las, der diesem Impuls voransteht. Mein spontanes Bild im Kopf: Ich schlendere gedankenverloren auf einem Waldweg an unserem großen See entlang und schaue auf das Wasser, suche mit den Augen nach Tieren oder anderen Objekten auf dem See. Den Weg, auf dem ich gehe, nehme ich gar nicht wahr. Bis ich plötzlich gegen eine dicke Wurzel trete, ins Stolpern gerate und gerade noch verhindern kann, dass ich hinfalle. Schlagartig verändert sich meine Aufmerksamkeit, denn ich bekomme einen Schreck! Die nächsten Minuten schaue ich sorgfältig, wo ich hintrete und achte nur noch auf den Weg vor mir. Mein Aufmerksamkeitsfokus hat sich verändert – ich träume nicht mehr vor mich hin, ich gehe jetzt kontrolliert, sozusagen gesteuert durch meine Gedanken. Es hat also ein Wechsel von unbewusstem zu bewusstem Handeln stattgefunden.

Ähnliche Situationen kennen Sie alle, sie sind ganz typisch für unser Leben. Die meiste Zeit agieren wir ohne nachzudenken aus dem Unbewusstsein heraus und das funktioniert wunderbar. Wir haben ja auch deutlich mehr unbewusstes als bewusstes Wissen. Unser Gehirn stellt dabei permanent eine Prognose auf, was wohl als nächstes passieren wird und wenn das dann auch passiert, ist alles gut. Tritt plötzlich ein anderes Ereignis auf, bekommen wir einen Schreck, also ein Signal unseres Gehirns: „Obacht, hier ist was los!" Genau das passierte, als ich gegen die Wurzel trat. Im Großen und Ganzen ist es natürlich gut, dass wir überwiegend aus dem Unbewusstsein heraus handeln, wobei unser Gehirn ja auf unseren reichhaltigen Erfahrungsschatz zurückgreift, der für viele Situationen genau die passenden Lösungen anzubieten hat. Stellen Sie sich vor, Sie müssten beim Spazierengehen über jeden Schritt aktiv nachdenken – würde irgendwie nicht funktionieren. Im Allgemeinen ist unbewusstes Handeln also sehr hilfreich und zweckdienlich, aber natürlich nicht immer.

Denn die gleichen Funktionsweisen unseres Erlebens laufen auch im Berufsleben ab und schon häufig habe ich meinen Klienten diesen Effekt bewusst gemacht, weil wir damit eine Lösung für das aktuelle Problem schaffen konnten. Auch im Berufsleben fallen wir nämlich häufig in unbewusste Handlungsmuster zurück, obwohl sie zu Ergebnissen führen, die wir eigentlich gar nicht wollen. Leider ist unser Unbewusstsein immer schneller als unsere Kognition. Bevor wir also nachdenken, hat unser Unbewusstsein oftmals schon mit einer nicht zweckdienlichen Handlung agiert. Wollen wir diesen Automatismus verhindern, müssen wir unser Gehirn „austricksen".

Ein Beispiel veranschaulicht das besser als eine rein theoretische Beschreibung. Vor einigen Jahren arbeitete ich mit dem Inhaber einer kleinen IT-Firma, der sich selbst als zu nachsichtig beschrieb. Immer wieder gab er den Wünschen seiner Mitarbeiterinnen und Mitarbeiter nach, obwohl das für die Firma nachteilig war oder er selbst die Defizite durch Mehrarbeit, die er eigentlich nicht leisten wollte, ausgleichen musste. Sein Unternehmen war so klein, dass er einmal in der Woche alle Mitarbeitenden zu einer Teambesprechung versammeln konnte. In dieser sei er dann immer so nachgiebig, er wolle ein guter Chef sein, es seinen Mitarbeitenden recht machen und gemocht werden. Bei Urlaubsfragen, Brückentagen, langen Wochenenden und vielen anderen Punkten gebe er in diesen Sitzungen einfach immer nach, auch wenn er sich vornehme, standhaft zu bleiben. Ob er es wolle oder nicht, werde er automatisch zum „kleinen Mäuschen" und sage immer ja.

Sie haben es sicher schon bemerkt, ein unbewusstes Handlungsmuster in seinem Kopf ist offenbar sofort aktiv, ehe er ins Nachdenken kommen kann, um zu anderen Lösungen zu kommen.

„Statt dem Mäuschen, wer wärst Du denn gerne in solchen Situationen?", fragte ich ihn und die Antwort kam prompt.

„Ich wäre gerne der brüllende Löwe, der aufschreit, seine Position und auch die Position der Firma verteidigt und allen klarmacht, wessen Revier das hier ist. Nach dem Brüllen kann man dann ja gemeinsam eine Lösung suchen, die für alle, also die Firma, mich und auch meine Mitarbeitenden die beste ist."

Damit lag die Lösung schlagartig auf der Hand: Ein einfaches „denk an den Löwen" würde aber wohl nicht ausreichen, um das Unbewusstsein auszutricksen. In solchen Fällen haben sich haptische Symbole in meiner Arbeit als sehr hilfreich erwiesen, denn unser Gehirn arbeitet mit Bildern. Nehme ich also das Bild des Löwen aktiv mit, dann sind meine Gedanken so auf ihn gerichtet, dass es dem Unbewusstsein viel schwerer fällt, an ihm vorbeizukommen. Das bewusste Denken, das ja gerade an den Löwen denkt, bremst es aus. Es ist sozusagen, das Stolpern auf dem Waldweg und macht den Weg frei für eine neue Aufmerksamkeit und Achtsamkeit.

Diese Idee gefiel meinem Klienten, er kaufte im Spielwarengeschäft einen Löwen der Firma Schleich, der groß und eindrucksvoll war und stellte ihn auf eine Kommode, an der er immer vorbeigehen musste, wenn er in den Meetingraum ging, in dem die Besprechungen mit seinen Mitarbeitenden stattfanden.

„Na, hat es funktioniert?", fragte ich ihn zu Beginn des nächsten Coachings etwa sechs Wochen später.

„ROOOOOOOOOOAAAAAAAAAAR!!", kam die eindeutige Antwort.

Nun also sind Sie an der Reihe, zu überlegen, ob und wenn ja, wo Ihnen vielleicht unbewusst ablaufende Verhaltensweisen im Wege stehen.

In welchen Situationen tun Sie Dinge, die Sie eigentlich gar nicht wollen?

Wo sagen Sie häufig ja, obwohl Sie viel lieber nein sagen würden?

Wenn Sie mal wieder „stolpern" würden, wozu würde die neue gewonnene Aufmerksamkeit führen?

Falls sie eine Situation gefunden haben, in der Sie Ihr Verhalten ändern möchten, welches haptische Symbol könnte Ihnen dabei helfen?

Freiraum für Ihre Gedanken

7 Bully Boy

Einer, der sich vor der Zukunft fürchtet und vor Niederlagen ängstigt, beschränkt seine Aktivitäten.
Henry Ford

Es ist der Abend des 03. Januar 2023, an dem traditionell der erste Sport-Weltmeister des Jahres gekürt werden soll – im Darts. Es ist wieder einmal ein Tag, an dem wir alle vom Sport lernen können, wobei die Geschichte des neuen Weltmeisters Michael Smith, Spitzname Bully Boy, ganz verschiedene Facetten als Lernchancen bietet.

Die West Hall des Alexandra Palace im Norden Londons ist wie immer ausverkauft, als sich nach einem ausgeglichenen Beginn zwischen dem Favoriten Michael van Gerwen (Nummer 3 der Weltrangliste) aus den Niederlanden, der ein überragendes Turnier gespielt und sowohl Viertel- als auch Halbfinale zu null gewonnen hat, und dem Herausforderer Michael Smith (Nummer 4 der Welt) aus England, der in Runde 3 nur knapp der Niederlage gegen Deutschlands damalige Nummer 2 Martin Schindler entging, der Showdown anbahnt. Im Laufe des hochklassigen Duells, in dem unter anderem das beste Leg aller Zeiten mit einem perfekten Spiel (9-Darter) von Smith gespielt wurde, wurde der Engländer immer überlegener. Schon minutenlang skandierten die Fans in Anlehnung an einen Fußballsong: „Darts is coming home" und als Smith schließlich den zweiten Matchdart zum 7:4 Satzerfolg in der Doppel 8 versenkte, gab es kein Halten mehr – weder bei den Fans in der Halle noch bei Michael Smith selbst – doch der Reihe nach.

Die Karriere des Michael Smith aus St. Helens begann eigentlich mit einem Unglück, denn als 15-Jähriger stürzte er mit dem Fahrrad und brach sich die Hüfte. Die Informationen, ob er 16 Wochen lang im Rollstuhl saß oder an Krücken ging, gehen auseinander. Jedenfalls durfte er sich kaum bewegen und begann aus Langeweile mit dem Darts. Dabei bewegt man idealerweise nur den Wurfarm, der Rest des Körpers bewegt sich möglichst nicht. Er entdeckte schnell sein Talent, wurde besser und besser, begann die ersten Turniere zu spielen und zu gewinnen.

So bietet uns schon Michaels Einstieg in den Dartssport die erste Chance der Selbstreflexion. Rückschläge und Unglücke sind im Leben leider unvermeidlich. Wie wir damit umgehen, können wir selbst entscheiden. Wir können ins Jammern verfallen oder ins Selbstmitleid. Wir können aber auch die Chance suchen, die sich jetzt vielleicht bietet, die Situation annehmen und das Beste aus ihr machen. Jede Krise ist auch eine Chance – wir müssen sie nur sehen. Wer weiß, was aus Michael Smith, gelernter Tischler, geworden wäre, wenn er nicht zufällig sein Talent entdeckt hätte.

Schnell begann Michael Smith auch im Profi-Darts Spuren zu hinterlassen und erste Turniere zu gewinnen. Alle Experten würdigten sein Talent, allen voran Gary Anderson. Der Schotte, selbst Doppelweltmeister der PDC, sagte Smith schon früh eine große Karriere voraus. Als der Bully Boy 2013 den Titel des World Youth Champions der PDC gewann, sah es auch tatsächlich so aus, als sei sein Aufstieg unaufhaltsam, denn auch in der Weltrangliste kletterte er stetig nach oben. Er gewann kleinere Profi-Turniere und European-Tour Events.

Schließlich erreichte er auch die ersten Endspiele der großen Fernsehturniere, ging jedoch mehrfach als Verlierer vom Board. Selbst gegen Spieler, die in der Weltrangliste weit hinter ihm standen, setzte es Niederlagen. Über Jahre schien es, als könne er keinen großen TV-Titel gewinnen. Insgesamt 8-mal stand er in einem solchen

Finale, mehrfach als der „haushohe" Favorit – und verlor. Wie üblich wurden schnell die ersten Stimmen laut, er sei ein „Loser", werde nie einen großen Titel gewinnen und habe seine Nerven nicht im Griff. Und keine Frage – es war keine leichte Zeit für das Supertalent Michael Smith.

Objektiv betrachtet waren aus meiner Sicht wohl insbesondere zwei Gründe für diese Niederlagenserie des Bully Boy verantwortlich: Zum einen muss man feststellen, dass mehrfach seine Gegner gegen ihn das „Spiel ihres Lebens spielten". Es war einfach der Tag, an dem ihnen alles gelang, da konnte Smith spielen, wie er wollte (siehe etwa die berüchtigten 15 Minuten des Peter Wright im WM-Finale 2022). Viele selbsternannte Experten, die schnell vom Leder ziehen, vergessen gerne, dass ja auch ein Gegner am Spiel beteiligt ist. Michael Smith trieb sie alle zu Höchstleistungen an – eigentlich ein Kompliment für ihn, leider mit der unangenehmen Nebenerscheinung der Niederlage. Zum anderen aber konnte jeder sehen, dass Michael Smith sich nicht immer im Griff hatte und an seinen eigenen Ansprüchen scheiterte. Er war ständig genervt, teilweise selbst mit fast perfekten 140er-Aufnahmen nicht zufrieden. Offenbar konnte er nicht akzeptieren, dass nicht jeder seiner Darts perfekt im Board steckte, was bei nur 8 Millimeter breiten Zielfeldern nun mal unvermeidlich ist, egal wie gut man spielt. Er schimpfte auf der Bühne mit sich selbst, wirkte genervt, fast lustlos, brachte sich selbst völlig aus der Balance und baute damit den Gegner auf. Das Ergebnis war nur folgerichtig – er verlor.

Dieser Aspekt bietet uns gleich zwei Chancen der Selbstreflexion: Niederlagen gehören zum Leben dazu, aus ihnen lernen wir am meisten. Erst muss man lernen zu verlieren, dann kann man auch gewinnen. So schrieb es auch Michael Smith auf Twitter: „But because I had to wait so long and I had to fail over and over again to get to where I'm at."

Erfolg kommt niemals von allein, er ist immer auch mit Rückschlägen und Niederlagen verbunden.

Wie gehen wir damit um? Wie ging Michael Smith damit um? Wie hat er es geschafft, an den vielen Niederlagen zu wachsen und letztlich gestärkt aus ihnen hervorzugehen? Natürlich wurde er oft danach gefragt und ich habe vieler dieser Interviews im TV gesehen. Immer wieder ließ er zum einen seinen Gefühlen und seiner Enttäuschung freien Lauf – die Gefühle mussten raus. Immer aber sagte er auch (sinngemäß): „Ich mache einfach weiter, es ist nur Sport. Was wirklich zählt sind meine Frau und meine Kinder, nichts ist wichtiger als meine Familie." Er zeigte uns allen seine Prioritäten im Leben und was für ihn wirklich zählt. Ich glaube, es waren u.a. auch diese Interviews, die ihn zu einem der absoluten Sympathieträger im Darts bei den Fans aber sogar bei den Kontrahenten gemacht haben.

Michael Smith wusste wahrscheinlich selbst am besten, dass er sein Bühnenverhalten ändern musste, wenn er noch erfolgreicher sein wollte. Wie er es gemacht hat, wird sein Geheimnis bleiben, aber ab Jahresbeginn 2023 sahen wir alle einen anderen Michael Smith. Wir konnten noch manchmal erahnen, wie unzufrieden er wohl gerade mit seinem eigenen Spiel war, gezeigt hat er es fast nicht mehr. Er blieb stets cool, vertraute auf seine Fähigkeiten, er schimpfte nicht mehr und wurde besser und besser. Schnell sprachen die Experten vom „neuen Bully Boy". Er konnte plötzlich akzeptieren, dass auch er nicht immer perfekt spielen kann.

Das ist der nächste Aspekt, den wir von ihm lernen können. Akzeptieren, wie es ist, die Dinge annehmen, wie sie sind, nicht hadern, nicht zweifeln, sondern auf die eigenen Stärken vertrauen. Perfektion ist kein Zustand, der ununterbrochen erreicht werden kann, Fehler zu machen ist Teil des Lebens.

Der „neue Bully Boy" gewann schließlich mit dem Grand

Slam of Darts 2022 seinen ersten großen TV-Titel und das mehr als deutlich mit 18-5 Legs im Finale. Selbst sein an diesem Tag vollkommen chancenloser Gegner Nathan Aspinall jubelte mit ihm und die beiden wälzten sich gemeinsam vor Freude am Boden. Bully Boy, der Sympathieträger!

Jetzt der WM-Titel gegen den klar favorisierten Michael van Gerwen, selbst bereits dreimal Weltmeister, der bis dahin ein grandioses Turnier gespielt hatte. Sportlich war das Spiel überragend, doch für diesen Impuls möchte ich noch zwei andere Aspekte aufgreifen. Es sind so oft die kleinen Geschichten am Rande, die uns wirklich die Chance zur Selbstreflexion bieten.

Matchdart auf Doppel 8 – passt – der Bully Boy ist Weltmeister – er reißt die Arme hoch, dreht sich um und nimmt kurz die Gratulation seines Gegners entgegen. Dann rennt er los, es gibt kein Halten mehr, er stürmt von der Bühne zu seiner Familie, er wirft sich in die Arme seiner Frau und seiner beiden Söhne. Es braucht keine Worte, jeder in der Halle versteht, was Michael Smith sagen möchte. Ihr seid das Wichtigste, ohne euch hätte ich es nie geschafft.

Kurz darauf bekommt er den riesigen WM-Pokal und die Interviews auf der Bühne stehen an. Als der Interviewer mit dem unterlegenen Michael van Gerwen fertig ist, bittet er Smith, ein Wort zu seinem Gegner zu sagen. Und die Antwort ist typisch für den stets bescheidenen Michael Smith. Frei übersetzt lautet sie etwa: „Was soll ich zu ihm sagen, Michael van Gerwen ist der beste Dartspieler der Welt." Respekt vor dem Spiel und Respekt vor dem Gegner – so steht es im Ehrencodex der PDC und niemand verkörpert das mehr als Michael Smith – bravo! Das ist keinesfalls selbstverständlich. Vielleicht erinnert sich der ein oder andere noch an das Siegerinterview von Adrian Lewis, den ich sehr schätze, nach dessen WM-Sieg. Er sagte vor den Kameras der Welt: „I am the best in the world!" Das ist der Unterschied.

Sie, liebe Leserinnen und Leser, können sich nun einen der vielen Aspekte zur Selbstreflexion aussuchen:

Wie gehen Sie mit Rückschlägen und Niederlagen um?

Können Sie die Chancen in der Krise erkennen?

Können Sie die Dinge annehmen, wie sie sind und sie akzeptieren?

Schaffen Sie es, Ihre Schwächen zu verbessern und Ihr Verhalten zu optimieren für mehr Erfolg?

Was sind Ihre wichtigsten Werte, was zählt wirklich in Ihrem Leben?

Respekt – was bedeutet dieser Begriff für Sie?

Freiraum für Ihre Gedanken

8 Genieße den Moment

Die kleinen Dinge? Die kleinen Momente?
Sie sind nicht klein!
Jon Kabat-Zinn

„Genieße den Moment..." stand über einem Bild, das in einem der sozialen Netzwerke meine Aufmerksamkeit erregte. Das Bild sorgte für ein Lächeln in meinem Gesicht, ich lehnte mich zurück und freute mich mit der Verfasserin dieser kurzen Botschaft, die auch die Fotografin des Bildes war. Es war „nur" ein Handyfoto.

Doch am besten erzähle ich diese kurze Geschichte der Reihe nach.

Klaudia, Mitte 50, selbständige Kosmetikerin, hatte mich vor ein paar Wochen angerufen, weil eine gute Freundin ihr meine Telefonnummer gegeben hatte. Ob wir uns mal unterhalten könnten, sie brauche Hilfe und vielleicht könnte ich der Richtige dafür sein.

Nichts lieber als das – als Coach gibt es kaum ein größeres Kompliment als das Empfehlungsgeschäft. Schon im Kennenlerngespräch war Klaudia sehr offen gewesen und hatte ihre Situation ausführlich geschildert. Es kam bei ihr gerade viel zusammen: Stress im Beruf, Herausforderungen in der Beziehung, Krankheit eines Elternteils, Schulprobleme eines Kindes und wohl auch eigene Unzufriedenheit mit sich selbst, was allerdings meine Interpretation ist.

„Gut Klaudia, wofür möchtest Du mit mir zusammenarbeiten?" So lautete auch für Klaudia die Frage nach der Zieldefinition unseres Coachings. Es fiel ihr schwer dieses Ziel zu formulieren, denn sie war gefangen in ihrer

Problemfokussierung. Alles falle ihr im Moment schwer, sie habe kaum Kraft, könne sich nur mit Mühe zu etwas aufraffen und habe kaum noch Spaß an ihren Hobbys. Selbst das Mountainbiken, dass sie immer mit Hingabe und fast täglich gemacht hatte, sei aktuell ohne Freude. Sie fahre zwar, aber Spaß oder gar Freude mache es nicht. Immer mehr ziehe sie sich auch zurück, wolle allein sein und warte oft nur darauf, dass die Tage zu Ende gehen. Ihr Leben sei freudlos, dass fasse es wohl gut zusammen.

Der ein oder andere von Ihnen, liebe Leserinnen und Leser, wird nun sicher denken, das klingt sehr nach einem Burn-Out, doch bei diesem Begriff reagierte Klaudia sofort und wies das Thema weit von sich. Manchmal muss man Begriffe vielleicht umformulieren und so einigten wird uns auf große Erschöpfung. Damit konnte sie gut leben.

„Ok, das habe ich alles verstanden", sagte ich zu Klaudia. „Deine aktuelle Situation hast Du gut beschrieben, doch nun zurück zu meiner Frage. Wofür arbeiten wir beide zusammen?" Einige Zeit später stand ein Ziel auf dem Flipchart, dass für einen Business Coach wie mich nicht alltäglich ist, auch wenn ich stets den ganzheitlichen Coachingansatz der vier Lebensfelder (Beruf, Freunde und Familie, Gesundheit und Ich-Selbst) verfolge.

„Ich möchte wieder Freude am Leben haben und positiv in die Zukunft schauen."

„Die ich rief, die Geister...", ging es mir für eine Sekunde durch den Kopf. Das ist ein komplexes Thema und wir beide arbeiten nach wie vor daran.

Ohne auf die Details von Klaudia einzugehen, zeigte sich bei ihr die typische Situation, in der sich viele Menschen gerade zwischen 50 und 60 häufig befinden. Die Belastungen kommen von mehreren Seiten gleichzeitig, sie nehmen einem den Freiraum und der Blick geht nur noch auf die Probleme. Bei Klaudia war es vor allem die Krankheit des Elternteils, die sie sehr belastete. Sie hatte keine Geschwister, die Eltern lebten weit weg, sie musste immer wieder reisen, der Fortgang der Krankheit war ungewiss und die damit zusammenhängenden Folgen auch. Sie hatte Kunden verloren, da sie immer wieder Termine absagen musste, der wirtschaftliche Druck war da.

Nun also zurück zu dem Bild in dem sozialen Netzwerk, mit dem ich diesen Impuls begonnen habe. Eine Aufgabe, die ich Klaudia mit auf den Weg gegeben hatte, war sich im Alltag immer wieder auf die kleinen, schönen und energiespendenden Momente zu fokussieren. Sie sollte wieder lernen, die schönen, die positiven Seiten der Dinge zu sehen. Ihre großen Belastungen waren nicht durch kurzfristige Maßnahmen zu lösen, es würde dauern, die Dinge nach und nach zu ordnen. Was sie sofort konnte, war ihre Gedanken zu ändern und die Dinge, die Ihr guttaten, wieder zu sehen, wertzuschätzen und vor allem zu genießen.

Aktuell wusste ich sie auf einer Reise, die sie nur sehr widerwillig angetreten hatte. Sie, die Landfrau, die Fläche liebte und so gerne durch die Landschaft cruiste, war in einer Großstadt. Eine Tagung zwang sie dorthin und auch die Eltern, die wieder ihre Hilfe brauchten, lebten dort.

Das Bild war ein Schnappschuss aus dem Hotelfenster ihres Zimmers, hoch oben im 23. Stock eines Hochhauses. Die Sonne ging gerade auf und spiegelte sich im Fluss, der an dem Hotel vorbeifloss. Es sah eigentlich aus wie im Urlaub.

Wenig später bekam ich dann auch eine Whatsapp-Nachricht: „Warmer Kaffee, aufgehende Sonne, könnte schöner auch im Urlaub nicht sein…, BG Klaudia".

Sie war auf dem Weg, die kleinen schönen Momente

wieder zu entdecken und wahrzunehmen, ja sogar zu genießen. Das ist der erste wichtige Schritt, zurück zu sich selbst, wieder entdecken, was mir guttut. Und das sind oft die kleinen Dinge, die dann vieles besser erträglich und unsere Stimmung positiver machen. Unsere Gedanken können wir sofort verändern – Klaudia war auf dem Weg, daher das Lächeln in meinem Gesicht.

Und nun wie immer zu Ihnen, liebe Leserinnen und Leser:

Wie ist gerade Ihr allgemeiner Gemütszustand?

Wenn es auch bei Ihnen gerade an Freude und Leichtigkeit im Leben fehlt, was würde Ihnen guttun?

Wofür könnten Sie wieder einmal den Blick öffnen?

Was sind die kleinen Dinge, die Ihnen ein Lächeln ins Gesicht zaubern?

Denken Sie positiv, die großen Probleme lösen sich nicht auf die Schnelle, aber immer gibt es auch die schönen, die energiespendenden Momente – Sie müssen sie nur sehen. Fangen Sie doch gleich damit an!

Freiraum für Ihre Gedanken

9 God save the queen!

Ich habe lange genug gelebt, um zu wissen,
dass Dinge nie lange gleich bleiben.
Königin Elisabeth II.

Nun ist es also tatsächlich passiert, Königin Elisabeth II. von England ist gestorben. Es war irgendwie unwirklich, als am Donnerstagabend plötzlich diese rote Laufschrift über den Bildschirm meines Fernsehers lief: Königin Elisabeth II. von England ist tot.

Ich konnte es einen Moment lang irgendwie gar nicht glauben, irgendwie nicht verstehen. Königin Elisabeth II. von England war immer da. Ich bin jetzt 55 Jahre alt - eine Welt ohne die Königin kenne ich nicht.

Es hatte sich abgezeichnet, denn nur wenig vorher war auf meinem Handy eine Meldung aufgeploppt: „Die Ärzte sind besorgt und bleiben am Bett der Königin, die Familie eilt nach Schottland auf ihren Sommersitz." Man konnte ahnen, dass die Königin wohl sterben wird, und doch, als es plötzlich soweit war, völlig unerwartet und sehr kurzfristig, schließlich hatte sie zwei Tage vorher noch die neue britische Premierministerin ins Amt eingeführt, war es irgendwie unwirklich.

Ich bin kein Monarchie- und auch kein übermäßig großer Englandfan, obwohl ich mehrfach in England war und es dort immer sehr schön fand. Aber plötzlich fehlte etwas auf dieser Welt: die Königin.

Königin Elisabeth II. von England, 70 Jahre hat diese Frau auf dem Thron der britischen Monarchie gesessen. Ich bin geneigt zu sagen: ein ganzes Leben. Als die Nachricht kam, hatte ich plötzlich Gänsehaut und ich habe sie auch jetzt gerade, da ich diese Zeilen schreibe. Was ist das für eine unglaubliche Lebensleistung? 70 Jahre auf dem Thron einer Monarchie zu sitzen, noch dazu einer so bedeutenden wie der britischen und des gesamten Commenwealth.

Wie viele Rolleninterpretationen der Königinnenrolle mag Königin Elisabeth II. vorgenommen haben: Als sie als junge Frau völlig überraschend den Thron bestieg und heute im Alter von 96 Jahren, als sie schließlich friedlich eingeschlafen ist. Es ist, ehrlich gesagt, für mich kaum vorstellbar, diesen langen Zeitraum wirklich zu überblicken und mir klarzumachen, was alles in Ihrer Amtszeit geschehen ist. Wie viele Krisen auf dieser Welt hat sie mit ansehen müssen? Wie oft hat sie wohl die Rolle der Königin neu interpretieren müssen? Wie oft wird sie überlegt haben, wozu sage ich etwas und wozu schweige ich lieber? Wie oft wird Sie geschwiegen haben, obwohl Sie vielleicht gerne etwas gesagt hätte? Oft wird sie sich wohl gedacht haben, das würde ich vollkommen anders machen, aber in meiner Regentschaft habe ich keine Chance, etwas zu ändern und zu beeinflussen.

Wie oft wird sie wohl überlegt haben, wie sie Familie und Beruf noch besser miteinander vereinbaren kann? Um ganz ehrlich zu sein - wie lächerlich muten plötzlich manche unserer Diskussionen über die Vereinbarkeit von Familie und Beruf an, wenn man sieht, was Königin Elisabeth II. in dieser Zeit geleistet hat: Vier Kinder, zahllose Enkel und Urenkel und immer noch im Beruf mit 96 Jahren. Wir diskutieren über die Rente mit 67 und König Charles III. hat sein Amt gerade mit 73 Jahren angetreten. Die Königin hat mit 96 Jahren nicht darüber nachgedacht, ihren Beruf aufzugeben, bekommen da nicht manche Diskussionen unserer Zeit irgendwie einen neuen Touch? Ich finde schon.

Familie und Beruf, das hat Königin Elisabeth II. großartig hinbekommen, obwohl wir alle wissen, dass ihre Familie keineswegs einfach war. Das ist ja so ein Stück der Fluch, wenn man ein öffentliches Amt wie das der Königin innehat: Alles wird öffentlich oder sagen wir, fast alles wird öffentlich. Sie war Mutter, Großmutter, Ehefrau, Staatsfrau und vieles mehr. Was hat ihr ihre Familie „nicht alles angetan"? Wie viele Skandale hat es gegeben und immer musste sie es irgendwie mit der Krone und der Etikette des Königshauses sowie ihren persönlichen Werten in Einklang bringen.

Wie oft mag Sie auch hierzu geschwiegen haben, obwohl ihr eigentlich nach (von der Seele) Reden war? Wie oft mag Sie aber auch zu ihrem Volk gesprochen haben, obwohl ihr eigentlich nach Schweigen war. Was für eine großartige Lebensleistung!

Wie anders ist es zu erklären, dass Menschen auf der ganzen Welt plötzlich weinen, obwohl sie die Königin persönlich nicht gekannt haben? Wie kann es sein, dass auf der ganzen Welt Menschen einen Verlust empfinden, weil ein Mensch gestorben ist, der ihnen persönlich nicht bekannt war? Wie entsteht diese unglaubliche Identifikation mit einer Person bzw. mit der Monarchie? Ich glaube, es ist mehr die Person Königin Elisabeth II. gewesen und weniger die Monarchie als Institution. Was für riesige Fußstapfen hinterlässt sie ihrem Sohn, König Charles III., auch wenn dieser sich so lange wie kein anderer Thronfolger auf seine Aufgabe vorbereiten konnte.

Wir alle kennen ja sicher auch diese Tage, an denen unser Beruf eher Pflicht als Lust ist. Wie oft mag es solche Tage im Leben der Königin gegeben haben? Die Pflicht ruft! Wie großartig hat sie ihre Pflicht stets wahrgenommen, stets perfekt gekleidet, immer lächelnd und immer die erhabene Königin. So stand sie unzählige Male vor Ihrem Volk, vor den Kameras der Öffentlichkeit und der ganzen Welt. Ich glaube, davon können wir uns alle ein großes Stück abschneiden!

So viele Veränderungen und Krisen auf dieser Welt hat sie begleitet. Wie viele Krisen hat sie vielleicht gar nicht erwartet, nicht vorhergesehen? Es muss eine immense Aufgabe gewesen sein und nun muss die Welt ohne Königin Elisabeth II. von England auskommen. Natürlich wird sie sich weiterdrehen und Charles III. wird König von England sein. Für mich jedenfalls war der Moment ihres Todes auch ein Moment des Innehaltens. Ein Moment, der mich inspiriert hat, diesen Impuls zu schreiben, auch um Sie zu fragen:

Wie blicken Sie auf die Königin, auf ihre 70 Jahre auf dem Thron? Was können Sie von Elisabeth II. lernen und was nehmen Sie für sich mit von ihrer großartigen Leistung? Vielleicht die Familie und den Beruf unter „einen Hut zu bringen" oder ist es eher die großartige Disziplin über eine so lange Zeit ein herausragendes öffentliches Amt ausgeübt zu haben? Oder ist es etwas ganz anderes, was nehmen Sie für sich ganz persönlich mit?

Bevor ich diesen Impuls beende noch ein kurzer Gedanke: Vielleicht ist ja der ein oder andere unter Ihnen, der jetzt denkt: „Naja, wenn man so reich ist, wenn man so umsorgt wird, wenn man Tag und Nacht so viele Menschen hat, die einem alles abnehmen, die sich um alles kümmern, dann ist es ja auch leicht, das alles zu bewältigen." Nein, das glaube ich ganz und gar nicht. Es ist mit Sicherheit nicht leicht. Im Gegenteil, es ist unglaublich schwer, denn ich glaube, dass man oft auch gefangen ist: Gefangen in der Rolle, gefangen in den vielen Schlössern, gefangen von den Menschen, die ständig um einen herum sind. Wo ist man noch Privatmensch? Wann ist man frei? Wo ist man für sich? Wo war die Königin einfach nur die liebende Ehefrau von Prinz Philipp? Wie haben die beiden das geschafft, ihren Platz als Paar zu finden und miteinander glücklich zu sein bei so viel

Öffentlichkeit? Ich habe mich das oft gefragt, wenn ich die beiden gesehen habe: 73 Jahre verheiratet, glücklich miteinander bis ins hohe Alter. Was ist auch das für eine Leistung, wenn man sieht, wie viele Ehen heute nach oft nur kurzer Zeit und - zumindest gefühlt - bei den ersten Problemen auseinander gehen. Nein, ich glaube nicht, das reich und umsorgt sein, es leichter macht, im Gegenteil. Vielleicht ist auch das ein Aspekt, der den ein oder anderen von Ihnen inspiriert und zum Nachdenken bringt.

Ich möchte Sie mit diesem Impuls einladen, einmal zurückzuschauen auf Königin Elisabeth II. von England und zu überlegen: Was können Sie von dieser großartigen Frau, die die Welt so lange begleitet und mitgestaltet hat, von einer echten Welt- und Staatsbürgerin für sich mitnehmen und was können Sie - ja wir alle – von ihr lernen?

Halten Sie einen Moment inne und denken Sie darüber nach.

Was auch immer es ist: die Königin ist tot, es lebe der König. God save the king!

(Dieser Impuls entstand im September 2022 wenige Tage nach dem Tod von Königin Elisabeth II..)

Freiraum für Ihre Gedanken

10 Rauslassen

Denke daran, in schwierigen Situationen
Gelassenheit zu bewahren.

Horaz

„Dringender Abstimmungsbedarf!" – so gab mir das Mail meines Klienten ein deutliches Signal, dass etwas nicht stimmte und ich wohl gut daran täte, kurzfristig mit ihm zu telefonieren.

„Es läuft einfach nicht in der Zusammenarbeit, es ändert sich nichts, der Kollege hält sich einfach an keine Absprachen, ich bin stinksauer und überlege, ob ich jetzt disziplinarisch werden und das Ganze eskalieren lassen soll…".

Mein Klient sprudelte ganz schön los, kaum dass ich am Telefon „Hallo" gesagt hatte. Eine solche Reaktion signalisiert regelmäßig, dass „Druck auf dem Kessel" ist und die Emotionen toben. Doch erstmal zum Hintergrund:

Mein Coachingnehmer hatte vor einiger Zeit eine Stellvertreter Position in einem großen Unternehmen angenommen und seitdem war das Führungsteam auf der Suche nach der optimalen Zusammenarbeit. Sein Chef war schon lange im Amt, hatte eine bewegte Vergangenheit und auch die Mitglieder des Führungsteam waren teilweise schon lange in ihren Funktionen. Das Team arbeitete schon einige Zeit mit mir zusammen, in wenigen Wochen stand wieder ein Workshop an, in dem wir die aktuelle Zusammenarbeit reflektieren wollten, um vielleicht auch Grundsätze für Führung und Zusammenarbeit zu formulieren. Und wie das oftmals so ist, einige im Team kooperierten besser, andere weniger gut, ein Einzelner

gefühlt gar nicht. Und mein Klient, der „Neue", war unge-
duldig und genervt.

„Was ist passiert, erzähl doch mal", lud ich meinen Gesprächspartner erstmal ein, weiterzusprechen. Noch tob-
ten die Emotionen und für den Beginn der Lösungssuche
war es sichtlich noch zu früh. Erst mussten die Emotionen mal raus, denn vorher besteht eh keine Chance, einen rationalen Zugang zu Lösungen zu finden. „Rauslassen" hat daher eine sehr wichtige Ventilfunktion und ist
unbedingt notwendig. Emotionen sind stets dominant zur
Ratio und haben Vorrang. Wichtig ist dabei natürlich,
diese nicht unbegrenzt und unbefristet laufen zu lassen,
sondern gezielt auf die Ventilfunktion zu fokussieren.
Deshalb begrenze ich z.B. „Jammerrunden" immer von
vornherein in der Zeit, bevor sich alle im „Jammertal"
häuslich niederlassen. Einmal jammern, also rauslassen,
ist völlig ok, dann geht es wieder konstruktiv einer Lösung entgegen.

Mein Kunde zeterte also noch drei Minuten über den Kollegen, der nicht so agierte wie abgesprochen, dem sein
Chef nicht offen die Meinung sagte, wie ihn das alles
nervte und so weiter. Dann beendete er selbst die „Jam-
merzeit" mit den Worten: „So, jetzt ist es raus!"

Ich schmunzelte in mich hinein, denn jetzt konnten wir arbeiten und so begann ich Fragen zu stellen. Was bewirkt
es, wenn Du jetzt disziplinarisch wirst? Kannst Du das
überhaupt oder müsste nicht vielmehr Dein Chef das
tun? Wie wird Dein Kollege reagieren, wie die Organisation insgesamt? Was – ganz konkret – verändert sich
dadurch für Dich? Was bedeutet das für unseren gemeinsamen Teamfindungsprozess und ist das jetzt wirklich
der richtige Zeitpunkt?

Plötzlich konnte er die Argumente wieder gut bewerten,
war ruhig, gefasst und konzentriert. Schließlich kamen
wir zu den wichtigsten Fragen:

„Was ist eigentlich Dein Anteil daran, dass Du die Situation als so dramatisch empfindest, denn offenbar tun es alle anderen ja nicht?"

Es ist bekanntlich nie die Situation als solche, sondern immer unsere ganz persönliche Bewertung der Situation, die ein Problem verursacht. Weder sein Kollege noch sein Chef hatten mit der aktuellen Situation wirklich ein Problem, jedenfalls kein so akutes wie mein Klient. Es ging also um seine ganz persönlichen Werte, seine Erwartungen und ähnliches.

Schließlich konnten wir dann gemeinsam nach vorne schauen, um die richtige Strategie zu finden. „Was kannst denn Du persönlich tun bzw. beeinflussen, damit es anders und im optimalen Fall damit auch besser wird?" Ganz im Sinne der Circles of Influence fokussierte ich jetzt meinen Coachingnehmer auf sich selbst und führte ihn zurück zu seinen Fähigkeiten und Möglichkeiten. Das Verhalten anderer können wir nie beeinflussen, so gerne wir das auch würden. Nur unser Verhalten können wir ändern und hoffen, dass darauf dann auch eine andere Reaktion, ein anderes Verhalten des Kooperationspartners folgt. Wir fanden schließlich einen Weg, der den anstehenden Workshop nicht gefährdete, für meinen Klienten gut gangbar war und der – so es denn notwendig sein sollte – eine Eskalation zu einem späteren Zeitpunkt immer noch möglich machte. Einziger Pferdefuß, wenn man so will, die Moderationsanforderung an mich für den anstehenden Workshop wurde nach oben geschraubt, aber damit konnte ich gut leben.

Am Ende des Telefonates sagte mein Klient: „Danke, das habe ich gebraucht, jetzt geht es mir besser und ich sehe klarer." Er hatte es geschafft, seine Gefühle zu akzeptieren und trotzdem oder vielleicht gerade deshalb einen Weg gefunden, besonnen und zielgerichtet zu agieren. Seine Gefühle dominierten sein Handeln nicht mehr, sondern standen gleichberechtigt neben der rationalen

Abwägung von Pro- und Contra-Argumenten unterschiedlicher Vorgehensweisen. Es war gelungen, den Blick wieder auf das Ganze zu richten und abgewogen zu entscheiden, wie es weitergehen soll.

Wie geht es Ihnen?

Welche Gefühle sollten Sie einmal rauslassen, weil Ihnen dieses Ventil guttun würde?

Wie gelingt es Ihnen, sich auf das zu fokussieren, was Sie tatsächlich beeinflussen können?

Was oder wen brauchen Sie, um Ihren Weg besonnen und erfolgreich gehen zu können?

Freiraum für Ihre Gedanken

11 NEIN

Die Fähigkeit das Wort „nein" auszusprechen,
ist der erste Schritt zur Freiheit.
Nicolas Chamfort

„Aber Sie können das doch so gut, viel besser als ich!"
„Sie sind meine beste Mitarbeiterin, ich zähle da voll auf
Sie!"
„Bei Ihnen weiss ich das in den allerbesten Händen!"

Das sind nur einige Beispiele von Komplimenten, die
meine Klientin spontan aufzählte, als ich Sie fragte, warum sie denn mal wieder das ganze Wochenende gearbeitet hatte, nun bei mir saß und sich über sich selbst är-
gerte. Eigentlich wollte sie die letzten Sommertage genießen, an der schönen Ostsee spazieren gehen, mit Freunden den Sonnenuntergang anschauen und die Seele
baumeln lassen.
„Eigentlich - dieses verflixte Wort", schimpfte sie vor sich
hin, „immer wieder tappe ich in die Eigentlich-Falle!"

Meine Klientin hat schon einen wesentlichen Schritt im
Laufe Ihrer Zusammenarbeit mit mir geschafft: Sie ist nur
noch wütend auf sich selbst!
Warum ich das gut finde? Weil Sie damit erkannt hat,
dass der Schlüssel zur Lösung bei ihr selbst liegt und sie
damit autonome Handlungsfähigkeit besitzt und kein ausgeliefertes Opfer ihrer Umwelt ist. Menschen ihre Kompetenzen erkennen und wertschätzen zu lassen, ist immer
schon ein großer Schritt zum Erfolg.

Vor wenigen Wochen hätte meine Klientin wahrscheinlich noch wie folgt geklungen: „Mein Chef weiss einfach genau, wie er mich packen kann. Er hat mir wieder so schöne Komplimente gemacht, so viel Wertschätzung entgegengebracht. Und dann war da diese spannende und herausfordernde Präsentation, die aber leider am Montag fertig sein musste. Da habe ich halt das Wochenende durchgearbeitet, um meinem Chef zu imponieren. Eigentlich bin ich stinksauer, mein Chef manipuliert mich, aber was soll ich denn tun? Er ist nun mal mein Chef, da kann ich ja auch nicht widersprechen."

Merken Sie den Unterschied, liebe Leserinnen und Leser? Das klassische Opfer, keine Kompetenzen sich zu wehren, wütend auf jemand anderen, der sein Verhalten aber nicht ändert. Warum auch? Er ist ja gerade wieder einmal mit seiner Vorgehensweise sehr erfolgreich!

Da freue ich mich also, dass meine Klientin die Opferrolle schon verlassen hat und nur auf sich selbst wütend ist, die Erkenntnis eigener Kompetenzen und Gestaltungsmöglichkeiten ist schon da - die Umsetzung fällt noch schwer.

„Mario, warum kann ich einfach nicht NEIN sagen?", schaute Sie mich flehentlich an. Darauf komme ich gleich zurück.

NEIN sagen fällt vielen Menschen schwer und dafür gibt es oft ganz unterschiedliche Gründe. Führungskräfte tun oft Dinge lieber selbst, als diese zu delegieren, z.B. weil es schneller geht. Oder weil Sie den Erklär- und Kontrollaufwand scheuen. Im Ergebnis haben Sie dann zwar immer zu viele Sachaufgaben und ihre Mitarbeitenden entwickeln sich nicht, aber sie tun es trotzdem. Die „Komplimentefalle" beschreibe ich gerade anhand meiner Klientin, dann gibt es noch die gefühlte innere Verpflichtung,

z.B. bei Aufgaben und Bitten innerhalb der Familie oder
des Freundeskreises. Und sicher gibt es noch viele weitere Gründe, warum NEIN sagen so schwer ist.

„Bist Du sicher, dass Du nicht NEIN sagen kannst?",
fragte ich meine Klientin. „Hat das noch nie funktioniert,
in Deinem ganzen Leben nicht? Im Berufsleben nicht und
privat auch nicht?"

Natürlich gab es Beispiele, in denen Sie auch schon
NEIN gesagt hatte und damit waren für sie die nächsten
zwei Türen in ihrer persönlichen Entwicklung geöffnet.
Zum einen war Kontextbezug hergestellt, denn sie konnte
nur im beruflichen Zusammenhang gegenüber ihrem
Chef, der ihr viele Komplimente machte und sie in die
Pflicht nahm, nicht NEIN sagen. Zum anderen war klar,
dass es offenbar nicht SIE war, die nicht NEIN sagen
konnte, sondern nur ein Teil von ihr, denn ein anderer
Teil von ihr, der in anderen Kontexten aktiviert wurde,
konnte das sogar sehr gut.

Das ist in meiner Arbeit immer wieder ein Schlüssel zum
Erfolg: Es bin nicht ICH, der..., es ist nur ein Teil von mir.
Und wenn es nur ein Teil von mir ist, dann bin ich plötzlich nicht mehr hilflos und ausgeliefert, sondern kann andere Teile suchen, aktivieren und ins Handeln bringen,
die mir guttun. Häufig wird diese Teilearbeit auch die „Arbeit mit dem inneren Team" genannt und hat sich in den
vielen Jahren meiner Tätigkeit als Coach inzwischen als
eine der wirksamsten und erfolgreichsten Coachingme-
thoden immer wieder bewährt.

So war das - ohne auf die Details einzugehen - auch in
diesem Falle für meine Klientin. Sie lernte den Teil näher
kennen, der nicht NEIN sagen konnte. Sie fand seine positive Absicht und wertschätzte diesen Teil und all das,
was er ihr bereits ermöglicht hatte. Sie erkannte aber

auch, in welchem Kontext ihr diesen Anteil immer mal wieder im Wege stand. Mit all der Wertschätzung für diesen Anteil, war es plötzlich viel leichter, ihn auch mal „in die Ecke zu stellen", nach dem Motto: „Danke, dass es Dich gibt, aber jetzt bist Du nicht dran! Du hast Pause!"

Meine Idee war eigentlich, mit ihr auch noch mindestens einen weiteren Anteil zu suchen, nämlich den, der in anderen Kontexten gut NEIN sagen konnte. Aber an diesem Tag, brauchte es das nicht mehr und so kam es auch nicht mehr zum möglichen nächsten Schritt, der Verhandlung zwischen diesen beiden Teilen.

„Klasse, ab in die Ecke mit Dir!", lachte meine Klientin plötzlich. „Ich stelle noch die Schneiderpuppe, auf der immer mein knallrotes Ballkleid hängt, davor, dann sehe ich meinen Anteil auch gar nicht mehr. Der macht auf jeden Fall Pause, wenn mein Chef mir das nächste Mal als „Komplimentebomber" mein Wochenende stehlen will."

Welcher Anteil von Ihr das wohl ist, der dann so wunderbar NEIN sagen kann und den anderen in die Ecke stellt? Ich hätte Lust gehabt, das mit ihr noch zu erarbeiten, aber auf mich kommt es natürlich nicht an. Für meine plötzlich so handlungskompetente und fröhlich lachende Klientin war jedenfalls für heute das Coachingziel voll erreicht. Das ist auch für mich immer wieder eine wichtige Erkenntnis: Es geht nicht darum das Modell des inneren Teams vollstäbdig und möglichst in der „reinen Coachinglehre" durchzuarbeiten. Schon ganz oft habe ich erlebt, dass allein das Erkennen und Wertschätzen eines Anteils, für den Moment alle Probleme löst. Und dann reicht das auch - fortfahren können wir immer noch.

Und Sie, liebe Leserinnen und Leser?

Wie gut können Sie NEIN sagen?
In welchem Kontext fällt Ihnen das besonders schwer?
Was müsste ich tun, damit Sie ganz sicher nicht NEIN sagen könnten?
Was - ganz konkret - macht es Ihnen leichter, NEIN zu sagen?

Was könnte das für ein Persönlichkeitsanteil sein, dem es so schwerfällt, NEIN zu sagen? Was ist dessen positive Absicht und was hat dieser Anteil Ihnen schon alles ermöglicht?

Spannende Fragen? Das finde ich auch!

Freiraum für Ihre Gedanken

12 Emojis

Missverständnisse sind die häufigste
Form menschlicher Kommunikation.
Peter Benary

Wenn ich morgens in mein Büro komme, dann gelten meine ersten Schritte in der Regel zwei Tageskalendern, die mich durch das Jahr begleiten. Der erste enthält Quizfragen, damit ich mich schon morgens ein bisschen geistig betätigen kann, mal mehr und mal weniger erfolgreich. Der zweite enthält Sprüche für jeden Tag. Manchmal schaue ich auf diesen Kalender und lache in mich hinein. Manchmal finde ich den Spruch doof und manchmal finde ich ihn so geistreich, dass ich ihn für einen Impuls nutze. An diesem Tag lachten mich auf meinen Tageskalender vier Smileys in ganz unterschiedlicher Form an:

73

Über diesen Spruch musste ich zunächst selbst einen kurzen Moment nachdenken, dann wurde mir der tiefere Sinn aber schnell deutlich, und ich entschloss mich, meine Gedanken mit Ihnen zu teilen.

Keine Frage: In der heutigen Zeit haben Emojis und die vielfältigsten Formen von Smileys viele gute Funktionen. Es ist zum Beispiel viel einfacher, einen Smiley zu senden als nach den richtigen Worten zu suchen. Weil man oft die richtigen Worte nicht gefunden hat, blieb früher vieles unausgesprochen, was heute durch einen Smiley, einen lachenden zum Beispiel oder einen Smiley mit Herzen in Augen, schnell und unkompliziert ausgedrückt werden kann. Feedback ist also sicher häufiger geworden als das früher ohne Smileys der Fall war. Früher musste man oft auch auf die passende Gelegenheit warten, bis man mal wieder mit dem anderen sprach, angerufen hat oder im Extremfall sogar einen Brief geschrieben hat. Heute, mit den modernen Kommunikationsmöglichkeiten, geht das alles sofort, Feedback wird sehr schnell gegeben. Reaktionen gehen innerhalb von Sekunden durch die ganze Welt und dazu sind Smileys und Emojis natürlich wunderbar und auch ich nutze sie häufig.

Feedback ist auch erheblich vielfältiger und differenzierter geworden, denn wir haben für nahezu jedes Gefühl einen unterschiedlichen Smiley. Aber mal ganz ehrlich: Wenn Sie z.B. bei Whatsapp auf die Smiley-Funktion drücken, können Sie dann sagen, für welches Gefühl die ganzen Smileys stehen? Ich kann das nicht. Ich habe vielleicht vier oder fünf Smileys, die ich häufig verwende und für meine Zwecke reichen diese auch aus. In vielen Fällen finde ich Smileys also wunderbar und sehr hilfreich.

Aber wie alles auf der Welt haben auch sie ihre Nachteile, denn z.B. ist die Hemmschwelle viel niedriger geworden, weil man einfach auf einen solchen Smiley tippen und ihn abschicken kann. Damit geht heute auch viel mehr negatives Feedback durch die Welt und dies oftmals in einer Art und Weise, wie es wenig angemessen und gerechtfertigt ist. Schließlich wissen wir nicht, wie der Empfänger mit unserem Feedback umgeht, denn wir können seine Reaktionen nicht sehen - wir sind ja nicht dabei. Smileys werden in der Regel in elektronischen Medien eingesetzt und dabei sehen wir natürlich unser Gegenüber nicht. Wir können also auch viel Schaden anrichten, gerade mit den negativen Smileys.

Feedback ist auch viel oberflächlicher geworden, denn wenn ich zum Beispiel weiß, dass mein gegenüber egal, was ich schicke, immer einen Smiley mit Herzchen in den Augen zurückschickt, dann ist sein Feedback sehr bald nichts mehr wert. Wenn das Feedback so schnell kommt, dass ich schon weiß, dass er oder sie meine Nachricht noch gar nicht gelesen haben kann, dann ist kein Tiefgang mehr vorhanden. Und, seien wir ehrlich: Hat wirklich so eine Emoji die gleiche Wirkung, als wenn Sie zum Telefonhörer greifen und Ihrem Gegenüber sagen, wie klasse Sie z.B. seine Ausarbeitung fanden? Ist es wirklich die gleiche Wertschätzung, wenn Sie Ihrem Chef eine Unterlage geschickt haben, und der schickt per E-Mail einen lachenden Smiley zurück, oder er ruft Sie an und sagt: „Ich habe Ihren Bericht gelesen, den fand ich richtig gut. Man merkt, wieviel Mühe Sie sich gegeben haben, den kann ich so in meine nächste Sitzung mitnehmen und werde ihn dort vortragen. Herzlichen Dank für Ihre gute Arbeit." Erzielt der Smiley tatsächlich die gleiche emotionale Wirkung? Ich glaube das nicht.

Unsere Emojis machen es also auch unpersönlicher und das gilt sowohl im beruflichen als auch im privaten Kontext. Dann kommt noch dazu, dass wir gar nicht einschätzen können, ob unsere Emojis immer die gleiche bzw. die beabsichtigte Wirkung erzielen, weil es auch sehr von der aktuellen Stimmung des Feedbackempfängers abhängt.

Ob er das jeweilige Emoji gerade gut findet und es ihn motiviert oder ob es gerade vielleicht ganz an ihm vorbeigeht oder sogar die gegenteilige Wirkung hervorruft, hängt auch von der momentanen Verfassung des Gegenübers ab.

Deswegen sollten wir Emojis dosiert einsetzen und dazu noch ein Gedanke: Leider wird auch sehr viel persönlicher Kontakt heute durch Emojis ersetzt. Es wäre möglich, einfach mal im Büro nebenan vorbeizugehen und dem Kollegen zu sagen: „Das fand ich klasse!", oder vielleicht auch Kritik zu überbringen, aber persönlich, sachlich und im Dialog, anstatt die schnelle negative Bewertung in Form einer Emoji zusenden. Es bleibt heute also viel persönlicher Kontakt auf der Strecke, weil es so viel einfacher ist, die schnelle elektronische Rückmeldung zu senden.

Das gilt übrigens auch im privaten Bereich. Ist es wirklich das gleiche, ob Sie einen Smiley mit zwei Herzchen und vielleicht noch zwei Herzen dazu schicken oder ob Sie vorbeifahren und denjenigen mal wieder in den Arm nehmen und fest an sich drücken? Auch wenn das vielleicht Zeit kostet, denken Sie daran, welche andere Wirkung zum Beispiel in der Familie ein persönlicher Besuch haben kann. Bei Mutter oder Vater vorbeizufahren und einfach mal den anderen in den Arm zu nehmen, anstatt nur abends ein „ich hab' Dich lieb" und einen Smiley zu schicken. Das gilt natürlich auch für Kinder und jegliche anderen guten Freunde und Verwandte.

Es stellt sich also die Frage: Ist es ein Fluch oder ein Segen mit den ganzen Smileys und Emojis, die wir heute haben?

Wenn Sie schon häufiger meine Impulse gelesen haben, dann wissen Sie sicher, dass ich nicht zu denen gehöre, die bei solchen Fragen zu eindeutigen Bewertungen kommen. Die Welt ist zu vielfältig, und so ist es auch mit den Smileys und Emojis.

In vielen Fällen sind sie gut hilfreich und wir sollten sie nutzen. Sie sind ja aus unserem Leben auch gar nicht mehr wegzudenken. In vielen Fällen machen wir es uns aber auch zu einfach, wenn wir nur einen Smiley oder eine Emoji schicken, anstatt den Dialog zu suchen. Deswegen: Beides einsetzen, persönliches Feedback ebenso wie Smileys und Emojis. Ich glaube, die Kombination ist der richtige Weg.

Nun muss natürlich jeder für sich differenzieren: Wann suche ich den persönlichen Kontakt, wann reicht so eine Emoji? Wann geht es vielleicht auch gar nicht persönlich und wann ist so ein Smiley besser als gar nichts? Wann sollte ich es aber unbedingt persönlich tun und ein Smiley ist vielleicht sogar die völlig falsche Ausdrucksform meines aktuellen Feedbacks?

Vielleicht sind das ja Gedanken, die auch Sie sich einmal wieder machen könnten. Bei wem hätten Sie schon längst einmal wieder vorbeifahren sollen, um in den Arm zu nehmen und persönlich zu ihm zu sagen: „Ich hab' dich lieb!"

Wem sollten Sie unbedingt mal wieder ein persönliches Feedback geben, weil Sie seine Arbeit so schätzen und es ohne ihn oder sie viel schwieriger für Sie wäre?

Bei wem haben Sie sich vielleicht schon sehr lange gar nicht mehr gemeldet und eine kurze Botschaft über die Technik mit einer schönen Emoji, dass Sie sich sorgfältig ausgesucht haben, könnte eine positive Wirkung erzielen?

Von wem haben Sie zuletzt ein paar Emojis geschickt bekommen, über die Sie sich sehr geärgert haben? Wäre es nicht gut, darüber zu sprechen, bevor sich irgendetwas hochschaukelt?

Viele Fragen - viel Spaß beim Nachdenken!

Freiraum für Ihre Gedanken

13 Unverhofft kommt oft

Gedanken sind die Proben zu Handlungen.
Sigmund Freud

Freitagmorgen 10 Uhr und ich habe mich gerade an den Frühstückstisch gesetzt, da klingelt das Telefon: „Unverhofft kommt oft, Du kannst mich abholen!" Es ist die vertraute Stimme meiner lieben Frau, die für ein paar Tage im Krankenhaus weilen musste. Eigentlich hatten wir uns beide darauf eingestellt, dass sie auch das kommende Wochenende noch wird im Krankenhaus verbringen müssen.

„Ich bin Corona positiv und werde sofort entlassen." Hoppla, geht es mir durch den Kopf, was ist denn das? Bei der Einweisung musste meine Frau natürlich einen PCR-Test machen und der war negativ, sonst wäre sie gar nicht aufgenommen worden. Gestern hatte meine Frau für wenige Minuten mit einer Patientin im Zimmer gelegen, die offensichtlich auf Corona positiv getestet wurde. Daraufhin musste meine Frau auch sofort einen erneuten Test machen und der war jetzt positiv.

„Es ist nur ganz schwach", sagte meine Frau. „Die Ärztin sagt, sie dürfte damit weiterarbeiten, aber als Patientin muss ich in Quarantäne und da ich kein akuter Fall bin, können sie das hier nicht händeln - zu viele Quarantänefälle. Deswegen werde ich sofort entlassen."

Okay, ob ich noch frühstücken kann? „Ja, das darfst Du, ich brauche hier noch eine Stunde, dann kannst Du mich abholen."

Nun bin ich schon etwas verwirrt und - ob ich will oder nicht - merke ich, wie meine Gedanken anfangen, zu arbeiten: Was heißt denn, als Ärztin dürfte sie weiterarbeiten - als Patientin muss sie in Quarantäne? Das ist aber eine eigenartige Corona-Auslegung, denke ich mir und was heißt: Wir können das hier alles nicht mehr händeln? So viel Personal ist schon ausgefallen? Ja, das höre ich im Moment von allen Seiten. Überall sind zahllose Menschen wegen einer Corona-Infektion in Isolation. Wo soll denn das bloß enden, denke ich mir. War nicht morgen, nein übermorgen, am Sonntag, der Tag, an dem die Maskenpflicht fallen soll, ab dem man dann wieder in den Geschäften ohne Maske einkaufen kann? Wie soll das weitergehen, wie soll bloß das öffentliche Leben aufrechterhalten werden, wenn dann die Infektionszahlen nochmal sprunghaft ansteigen werden?

Ich merke, wie auch in meinem Kopf zwei Dinge wild durcheinander gehen: Ich freue mich! Ich darf meine Frau abholen, die ambulant weiterbehandelt wird. Ich werde also das Wochenende nicht allein verbringen müssen und das ist eine gute Nachricht. Außerdem hatte ich vor etwa drei Wochen selbst Corona und bin jetzt dreifach geimpft und genesen. Damit sollte ich mehr als genug Abwehrkräfte haben, um mich nicht noch einmal bei meiner Frau anzustecken. Außerdem ist die als so schwach infiziert diagnostiziert worden, dass gar keine Ansteckungsgefahr besteht. In Quarantäne muss sie aber trotzdem.

Irgendwie geht doch gerade alles etwas durcheinander oder nicht?

Vielleicht geht es Ihnen ja auch so und das gar nicht mal nur beim Thema Corona. Ganz oft haben wir Situationen, in denen das, was wir gerade erleben, zunächst widersprüchlich anmutet, und wir haben Schwierigkeiten, die Widersprüche aufzuklären und zu verarbeiten. Dann ist es oftmals nicht zu verhindern, dass unser Gedankenkarussell in Gang kommt. Was mag da wohl hinter stecken?

Was wäre, wenn? Wie soll das nur weitergehen? Wie wird es wohl werden, wenn alles noch schlimmer wird?

Alles sehr menschliche und verständliche Fragen, aber ich merke auch sofort: Meine Handlungsfähigkeit schränken diese Fragen massiv ein. Da hilft es, sich wieder einmal an den Spruch von zwei Coachkollegen zu erinnern, die in einer schönen Veranstaltung einmal auf einen Flipchart geschrieben haben:

Was ist, ist.

und

Was nicht ist, ist nicht.

In diesem Moment hilft mir das gerade, mich selbst zu sortieren.

Was ist:

Meine Frau wird in einer Stunde entlassen, ich darf sie abholen und das ist eine gute Nachricht. Meiner Frau geht es so gut, dass sie problemlos ambulant weiterbehandelt werden kann und nach Hause darf. Meine Frau hat eine Corona-Infektion mit so schwachen Werten, dass sie nicht als ansteckend definiert ist, aber trotzdem den Vorschriften entsprechend in häusliche Isolation muss. Ich bin dreifach geimpft und genesen und für mich besteht keine Ansteckungsgefahr. Ich muss auch nicht in Quarantäne. Das also sind die Fakten!

Alles andere ist nicht und was noch kommen wird, kann ich auch gar nicht beeinflussen. Ob alle Entscheidungen, die unsere Politik getroffen hat, richtig sind, liegt völlig außerhalb meines Einflussbereiches. Was vielleicht in zwei Wochen ist, wenn die Masken Pflicht gefallen ist, ob wir dann nochmal ganz andere Infektionszahlen haben, ob dann das öffentliche Leben vielleicht stillsteht, was dann vielleicht kommt, das alles ist unklar - das ist (jetzt) nicht! Ich kann es auch nicht beeinflussen. Es macht keinen Sinn, dass ich mir darüber jetzt Gedanken mache. Also gieße ich mir einen schönen frischen Kaffee ein und genieße mein Frühstück. Dann ziehe ich meine Schuhe an, setze mich ins Auto und fahre los.

Jetzt ist erstmal der Moment, in dem ich mich freue, dass ich meine Frau aus dem Krankenhaus abholen kann, und dann verbringen wir ein schönes Wochenende.

Was ist, ist. Was nicht ist, ist nicht. Vielleicht hilft auch Ihnen diese so simple Reduzierung auf das Wesentliche mit dem Gedankenkarussell in der ein oder anderen Situation besser klarzukommen.

Was geht Ihnen gerade aktuell so durch den Kopf?

Wo drehen sich Ihre Gedanken und eine innere Stimme sagt: „Oh, wie soll das bloß noch alles werden?"

Vielleicht sind Sie aber auch gerade ganz klar in Ihren Gedanken und treffen für sich Entscheidungen basierend nur auf den Fakten?

Was ist, ist. Das gilt es anzunehmen, und alles andere ist eben nicht.

Freiraum für Ihre Gedanken

14 Max Eberl

Achte auf dich selbst, wenn du willst,
dass andere dich achten sollen.
Adolph Freiherr von Knigge

Dieser Impuls entstand sehr spontan, denn die Ereignisse, die ich am Nachmittag eines Freitages eher zufällig mitbekommen habe, ließen mich nicht los, so dass ich diese für Sie und auch für mich selbst in diesem Impuls zur Selbstreflektion verarbeitet habe.

Es ist Freitag, 28. Januar 2022, 14 Uhr. Wie durch Zufall schaue ich gerade in eines meiner sozialen Netzwerke und da ploppt die Meldung „außerordentliche Pressekonferenz im Borussia Park" auf. Borussia Mönchengladbach ist seit Jahrzehnten „mein" Verein. Seit ich 11 Jahre alt war, also inzwischen seit über 45 Jahren, bin ich Borussen-Fan. Wenn im Borussia Park eine Pressekonferenz gegeben wird, die eigentlich nicht geplant war, an einem Wochenende, an dem kein Bundesligaspiel ist, dann muss irgendetwas Besonderes sein. Fußball war jahrzehntelang eine meiner großen Leidenschaften. Ich war Sportler, Funktionär und habe verschiedene Ämter im Fußball bekleidet. In den letzten Jahren fasziniert mich Fußball nicht mehr. Viele Entwicklungen schrecken mich ab. Der Sport begeistert mich nicht mehr und ich habe mich vom Fußball mehr und mehr distanziert, aber an diesem Freitag um 14 Uhr habe ich gerade nichts zu tun, und ich klicke auf den Button zur Pressekonferenz.

Ein Blick in den mir bekannten Presseraum zeigt: Es gibt keinen freien Stuhl! Auf dem Podium sitzen außerdem neben Max Eberl, dem Sportdirektor von Borussia Mönchengladbach, der Präsident Rolf Königs und Rainer

Bonhof, der Vizepräsident. Das verheißt etwas Außerge-
wöhnliches und eigentlich bin ich nach den grauenhaften
Leistungen von Borussia in den letzten Wochen davon
ausgegangen, dass es gleich um die Trainerentlassung
gehen wird. Weit gefehlt!

„Max, magst Du als Erster etwas sagen!?", sagte Presse-
sprecher von Borussia, der traditionell die Pressekonfe-
renzen moderiert. Max, das ist Max Eberl, der Sportdirektor von Mönchengladbach, der seit 13 Jahren die Geschi-
cke dieses Vereines sehr erfolgreich lenkt, vorher Ju-
gendleiter war, wenn man das so nennen darf, und davor
Bundesligaprofi bei Borussia Mönchengladbach. Man
kennt ihn als Mensch mit Herz und Engagement, er ist
der Macher im Borussia Park. Die Kamera schwenkt auf
Max Eberl, doch der kann nichts sagen… .

Max Eberl, dieser gestandene Bundesligamanager, der
von so vielen Vereinen in den letzten Jahren umworben
wurde, allen voran vom FC Bayern München, was wohl
die größte Auszeichnung ist, die man als Manager bekommen kann, sitzt auf seinem Platz und weint. Mir ist
sofort klar, was los ist: Stichwort Burnout. Max Eberl kann
nicht mehr und er braucht eine ganze Zeit, um sich zu
fassen und die ersten Worte zu finden. Er spricht von „etwas aufgeben, das mein Leben ist". Er spricht von „sich
um den Menschen Max Eberl kümmern", von „nicht mehr
können", von „keine Kraft mehr haben". Es tut mir beim
Zuschauen weh.

Ich stand selbst einmal kurz vor dem Burnout und habe
als Coach in den letzten 15 Jahren mit vielen Menschen
in ähnlichen Situationen gearbeitet. Ich habe ihnen ge-
holfen, wieder „auf den Weg" zu kommen. Es ist schlimm
zu sehen, wie Max Eberl leidet. Er würde sein Amt viel
lieber weiter ausüben und den Verein wieder auf den
richtigen Weg bringen. Er würde gerne der Mannschaft
helfen, zum Erfolg zurückzufinden und die Fans wieder

glücklich machen. Aber Max Eberl kann nicht mehr. Er sitzt auf dem Podium und weint.

Als er sich gefasst hat, verkündet er seinen sofortigen Abschied, nicht nur von Borussia Mönchengladbach, sondern bis auf weiteres auch vom gesamten Fußball. Er spricht über die Dinge, die im Fußball falsch laufen, über vorschnelle Urteile über Menschen, über mangelnde Differenzierung zwischen dem Menschen und dem Funktionsträger, über harte Urteile, über Falschinformationen in den sozialen Netzwerken, über „keine Kraft mehr" und über „eine Auszeit nehmen". Max Eberl kann nicht mehr.

Das ist für viele vielleicht schwer nachzuvollziehen, aber doch so menschlich. Ich habe großen Respekt vor Max Eberl, der hier die Notbremse zieht und nur noch auf sich und seine Familie Acht geben muss, bevor er selbst „vor die Hunde geht".

„Wie soll es denn weitergehen?", fragen die Journalisten völlig zu Recht die Funktionäre von Borussia, die dazu noch keine Idee haben. Zu frisch ist das alles, denn erst am Donnerstagnachmittag hatte man sich für getrennte Wege entschieden.

Dann kommt eine interessante Frage: Einer der Journalisten fragt an Max Eberl gerichtet: „Was müsste sich denn im Fußball ändern, damit so etwas, wie es Dir gerade passiert, nicht mehr passiert?" Plötzlich ist Max Eberl für einen Moment wieder ganz gefasst. Diese Frage kann er gut beantworten. „Es braucht mehr Mensch sein, es braucht mehr Respekt voreinander", sagt er. Er spricht von wilden Gerüchten, die auch über ihn schon wieder verbreitet wurden, noch bevor er nur ein einziges Wort zu seiner Situation in der Öffentlichkeit gesagt hat. Er spricht vom Umgang miteinander, von Respekt und Achtung, von Menschlichkeit. Alles Dinge, die im Fußball verlorengegangen sind.

Ich glaube es sind Dinge, die nicht nur im Fußball verlorengegangen sind, sondern zum Teil in unserer ganzen Gesellschaft. Ich habe Ähnliches erlebt wie Max Eberl. Gott sei Dank ist das inzwischen viele Jahre her und sicher nicht mit dem zu vergleichen, was Eberl erlebt hat, denn für mich fand alles „nur" auf einer lokalen Ebene in meinem Umfeld statt. Eberl wurde bundesweit - man kann schon sagen - gejagt, gescheucht, bedrängt. Ich weiß nicht, welche Worte er für seine Situation wählen würde. Klar ist: Er kann nicht mehr.

So geht es Menschen häufig dann, wenn sie - und das sagt Eberl auch von sich - mit ganzem Herzen für eine Sache gestanden haben und sich voll engagiert, voll „reingehängt" haben. Max Eberl sagt das in der Pressekonferenz sehr deutlich: 7 Tage die Woche, 24 Stunden am Tag, 365 Tage im Jahr. Dieser Job ist knallhart. Man kann ihn gar nicht anders ausüben. Man muss immer voll da sein, immer 100 Prozent geben. Kleine Auszeiten von zwei Wochen waren schon das Höchste der Gefühle, was er sich in den letzten Jahren gönnen konnte. Jetzt reichen diese nicht mehr.

Der Respekt im Raum ist greifbar. Die Journalisten sind mit ihren Fragen sehr zurückhaltend. Alle schicken Genesungswünsche voran. Sie wünschen Max Eberl alles Gute, wünschen ihm Glück, das er sicher mehr als verdient hat. Auch meine guten Wünsche sind mit ihm.

Welche Lehren können wir aus einer solchen Situation für uns ziehen?

Wie wichtig ist es, dass auch wir auf uns als Menschen achten, gerade wenn wir in unserem Job, in einem Ehrenamt oder auch für die Familie sehr engagiert sind? Es spielt keine Rolle, wo Sie sich mit ganzem Herzen engagieren. Überall besteht die Gefahr, dass wir uns selbst vergessen und vernachlässigen und dass wir dann ausbrennen. Wenn wir auch noch von außen angegriffen und kritisiert werden, nicht mehr wertgeschätzt werden, dann ist die Gefahr groß, dass wir plötzlich alles persönlich nehmen, dass wir die Situation nicht mehr verarbeiten können und dass der Druck für uns irgendwann zu groß wird. Dann passieren Dinge, wie sie an diesem Freitag im Borussia Park zu beobachten waren: Da sitzt ein gestandener Bundesligamanager weinend vor den Journalisten und muss aufgeben, was er selbst „sein Leben" nannte.

Es ist irgendwie komisch, aber mein Blick streift an diesem Freitagnachmittag plötzlich den Tageskalender neben meinem Schreibtisch und auf dem Kalenderblatt steht:

Man reiche mir die Tür … ich möchte gehen.

Das ist schon Ironie des Schicksals, denke ich. Besser könnte ein Kalenderspruch wohl nicht zu dieser Situation passen.

Es ist ein wichtiger Aspekt: Auf sich selbst kann man auch nur selbst Acht geben. Die anderen tun es nicht. Die Öffentlichkeit tut es nicht, die Journalisten nicht, die Fans nicht, die Spieler sicher auch nicht. Max Eberl muss auf sich selbst Acht geben, und das tut er an diesem Tag. Er zieht die Notbremse, egal, wie es seinem Verein, der so viele Jahre immer wichtiger war als er selbst, gerade geht und der ihn jetzt eigentlich bräuchte. In diesem Moment gibt es nur noch den Menschen Max Eberl und der ist wichtiger – Gott sei Dank.

Achten Sie auf sich, Sie können von niemand anderem verlangen, dass er auf Sie achtet. Wenn jemand das doch tut, umso besser, das ist dann ein großes Privileg, ein großes Glück.

Zu viel Engagement kann auch gefährlich sein, wie wir am Beispiel von Max Eberl wieder einmal vor Augen geführt bekommen. Burnout trifft meistens die, die sich mit besonders großem Engagement, mit besonders großer Begeisterung, mit ganz viel Kraft und ganzen Herzen in eine Aufgabe stürzen und sich darüber selbst vergessen. Ich weiß nicht, ob Sie zu diesem Typ Mensch gehören, aber wenn, dann sind auch Sie besonders gefährdet und sollten auf sich Acht geben.

Einige Fragen, die Ihnen helfen können:

Wie geht es eigentlich mir als Mensch gerade? Komme ich in der aktuellen Situation überhaupt noch vor? Tue ich noch die Dinge, die ich nur für mich tue, die mir Spaß machen und niemand anderem? Wie fülle ich meine „Ich-Zeit"? Weiß ich überhaupt noch, was „Ich-Zeit" ist?

Wie steht es um meine Kräfte? Bin ich kraftvoll oder ausgelaugt? Plagen mich Magenbeschwerden, Schlafstörungen, Kopfschmerzen? Alles frühe Alarmsignale, auf die man achten und hören sollte.

Habe ich noch genug sozialen Umgang mit meinen Freunden? Bin ich präsent für andere und habe ich genug Kontakte in die Außenwelt oder vergrabe ich mich in irgendeine Aufgabe und finde selbst gar nicht mehr statt?

Sie werden sicher noch viele weitere Fragen für sich finden, wenn Sie sich ein wenig mit diesem Thema beschäftigen.

Freiraum für Ihre Gedanken

15 Die Bäume haben nichts davon

Die Bäume haben nichts davon, wenn wir depressiv werden. Wir können Bäume nur unterstützen, wenn wir optimistisch sind.
Peter Wohlleben

Als ich das obige Zitat von Peter Wohlleben, dem bekannten Förster und vielfachen Bestsellerautor in einem Interview mit Dr. Eckart von Hirschhausen las, gingen mir spontan zwei Gedanken durch den Kopf.

Der erste war: Stimmt!

Der zweite war: Und das gilt nicht nur für Bäume.

Wir können niemandem helfen, wenn wir selbst depressiv, mutlos, ausgelaugt, überlastet und ohne Energie sind. Mir ging auch meine aktuelle berufliche Situation durch den Kopf, in der ich als Business Coach zurzeit verstärkt mit Menschen arbeite, die sich in Überlastungssituationen befinden, um das Wort Burnout hier mal nicht zu verwenden. Ganz offensichtlich ist es aktuell so, dass nach mehreren Coronajahren und den dazugekommenen Krisen wie Krieg und Energiekrise die Menschen zunehmend an ihre Grenzen kommen.

Da ist die langjährig erfahrene und erfolgreiche Ingenieurin, die plötzlich bei mir sitzt und schon im Kennenlerngespräch den Satz sagt: „Wenn ich meinen kleinen Sohn nicht hätte, weiß sich nicht, ob ich noch hier wäre." Da ist der Beamte, der seit vielen Jahren schwierige Situationen meistert, mit unterschiedlichen Chefs immer große Herausforderungen hatte, weil er stets auch ein Stück weit für seine Chefs mitarbeiten und mitdenken musste. Er erklärt mir plötzlich: „Ich weiß auch nicht, es hat sich eigentlich nichts geändert, aber ich komme an meinen Arbeitsplatz und breche in Tränen aus. Arbeiten kann ich nicht mehr." Da ist der Mitarbeiter einer Verwaltung, der erklärt, er habe seit Jahren viel zu tun. Das war immer normal, doch jetzt sind noch private Themen dazugekommen, und plötzlich geht es nicht mehr. Er schaffe es nicht mehr. „Ich kann mich nicht mehr aufraffen!"

Das sind nur drei meiner Coachingmandate - ich könnte noch weitere anführen. Was ist passiert mit diesen Menschen, die plötzlich ihre eigenen Kompetenzen nicht mehr erleben, die das Gefühl haben, sich selbst nicht mehr helfen zu können und allein nicht mehr klarzukommen, obwohl sie so viele Jahre erfolgreich gearbeitet haben?

Die Ursachen sind vielfältig und liegen zum einen in einer Arbeitsüberlastung und Stress, zum anderen aber auch darin, dass Menschen Ängste und Sorgen haben und nicht wissen, wie es weitergeht. Unsicherheit ist für viele Menschen immer ein großer Belastungsfaktor und davon haben wir in unserer Zeit gerade mehr als genug. Aber ich stelle auch immer wieder fest, dass Menschen viel zu wenig über sich selbst wissen, um sich dann auch helfen zu können. Sehr oft bleiben meine Fragen wie z.B. „Was tut Dir denn gut?" unbeantwortet. Wenn ich die Menschen frage, wann sie das letzte Mal in der Natur waren, schauen mich oft zwei nachdenkliche Augen an. „Wann hast Du das letzte Mal etwas gemacht, nur für Dich, einfach nur, weil es Dir guttut und Dir Spaß macht? Und was war das?" Auch da schauen mich oft zwei leere Augen an. Unsere aktuelle Zeit ist geprägt davon, dass wir viel

Arbeit haben, von Sorgen geplagt sind und keine Zeit mehr finden, damit wir uns mit uns selbst beschäftigen können. Wir vergessen, wer wir sind, was uns wichtig ist, und vor allem, was uns guttut. Wer aber nichts über sich weiß, der kann sich natürlich in schwierigen Situationen auch nur schlecht selbst helfen.

Was sind meine Werte? Was tut mir wirklich gut? Wenn ich diese Fragen nicht beantworten kann, dann ist es schwer, mir selbst zu helfen.

Es ist mehr als Zeit, sich mit sich selbst zu beschäftigen. Diese Zeit ist etwas besonders Wertvolles und schon deshalb sollten wir alle es auch tun. Wer soll auf Sie Acht geben, wenn Sie das nicht selbst tun? Wer soll für uns da sein, wenn wir selbst nicht für uns da sind?

Ein schönes Beispiel von Achtsamkeit für sich selbst begegnete mir letzte Woche in einem Seminar. Ich begann mit einer neuen Gruppe Führungskräfte eine über mehrere Bausteine gehende Ausbildung. Mitten in einer intensiven Diskussionsrunde griff eine der Teilnehmerinnen nach ihrem Smartphone, schaute darauf und war für einen Moment abgelenkt. Sofort sprach sie mich an und sagte: „Das tut mir leid, ich bin Diabetikerin und habe gerade das Gefühl, das mein Zuckerspiegel absackt. Ich muss einmal schauen, wie es mir tatsächlich geht."

Ich weiß nicht, ob ich auch nach außen wahrnehmbar gelächelt habe. Innerlich musste ich auf jeden Fall tief in mich hinein schmunzeln und habe für mich gedacht: „Wow, das ist genau das, was ich mir wünsche - Achtsamkeit für sich selbst!"

Wer soll auf uns achtgeben, wenn wir es nicht selbst tun? Im Moment aber tun das sehr viele Menschen offensichtlich nicht. Anders ist der sprunghafte Anstieg von

Mandanten, die mit den oben genannten Problemen zu mir kommen, kaum zu erklären. Natürlich lässt sich niemand willentlich außer Acht oder vernachlässigt sich bewusst. Aber es häufen sich die Fälle, in denen die Menschen für sich selbst keine Zeit mehr haben und sich nicht um sich selbst kümmern.

Es sind oft unsere inneren Antreiber, die in Stresssituationen wie aktuell plötzlich „über die Stränge schlagen" und uns Dinge tun lassen, die uns nicht guttun. Es sind unsere Werte, die verletzt sind und die uns dann in die Enge treiben. Es ist die erlebte Hilflosigkeit, von der wir oftmals nicht wissen, wie wir mit ihr umgehen sollen, weil wir zu unseren Kompetenzen gerade keinen Zugang mehr haben. All das sind oft unbewusste Prozesse, aber wenn die Überlastung zu groß wird, dann finden wir unsere Kompetenzen erst recht nicht mehr wieder, und die Hilflosigkeit nimmt weiter zu.

So erlebe ich das gerade bei vielen meiner Mandanten und ich kann mich keinesfalls darüber freuen, falls irgendjemand beim Lesen dieses Impulses meinen sollte, das sei doch gut für mich, denn dann habe ich ja viel zu tun. Ich arbeite gerne, aber diese Fälle müssen wirklich nicht noch häufiger werden.

Es gibt so viele andere Themen, an denen man auch arbeiten kann. Deshalb möchte ich diesen Impuls auch gar nicht allzu lange ausweiten, sondern möchte Sie ermuntern, über Folgendes nachzudenken:

Was tut Ihnen gut?

Was sind Ihre Werte?

Was sind Ihre Antreiber?

Wann haben Sie sich das letzte Mal mit sich selbst beschäftigt, wann haben Sie sich Zeit nur für sich selbst genommen?

Wie auch immer Ihre Antworten ausfallen, denken Sie an Folgendes: Wenn es Ihnen selbst nicht gut geht, dann können Sie niemand anderem helfen. Sie können nicht für die Familie da sein, nicht für die Firma, nicht für die Kolleginnen und Kollegen, ganz getreu dem Zitat von Peter Wohlleben: „Die Bäume haben nichts davon, wenn wir depressiv werden."

So gilt es auch für alle anderen Menschen um uns herum und natürlich erst recht für uns selbst. Dieser Impuls ist vielleicht auch besonders gut geeignet, Ihnen zum Abschluss noch drei Fragen zu stellen, die ich aus den Weltbestsellern von John Strelecky aus der Reihe „Das Cafe am Rande der Welt" entnommen habe. Und vielleicht haben Sie diese Fragen auch schon einmal gehört, wenn Sie eines der Bücher von John Strelecky gelesen haben. Die drei Fragen, die ich Ihnen zum Abschluss dieses Impulses stellen möchte, lauten:

Wer bist Du?

Warum bist Du hier?

Führst Du ein erfülltes Leben?

(Dieser Impuls entstand im Oktober 2022, als der Krieg in der Ukraine, die Gas- und Energiekrise, die stark steigende Inflation und die Coronapandemie die aktuelle Nachrichtenlage bestimmten.)

Freiraum für Ihre Gedanken

16 All we have is now

Jeder Moment, in dem Du glücklich bist,
ist ein Geschenk an den Rest der Welt.
Gottfried Wilhelm von Leibniz

Seit mehreren Jahren habe ich auf meinem Schreibtisch einen Abreißkalender stehen, der für jeden Tag im Jahr einen neuen Spruch bereithält. Manchmal sind das Sprüche, von denen ich denke: „Wow, da kann man echt drüber schmunzeln", und manchmal sind das Sprüche, von denen ich denke: „Na ja, den hätte es jetzt nicht gebraucht." Manchmal aber sind das auch Sprüche, von denen ich sage: „Klasse, in wie wenige Worte man so eine interessante Botschaft kleiden kann!"

So ein Spruch ist Grundlage für diesen Impuls.
Er lautet:

All we have is now.

Ist das nicht ein toller Satz? Und auf Englisch kommt er in so wenigen Worten auch so gut rüber. Alles, was wir haben, ist der Moment - lebe den Moment.

Viele meiner Coachingnehmer beschäftigen sich immer wieder genau mit diesem Thema, ich selbst auch und ich glaube, allen Menschen geht es so, dass wir uns immer wieder mit dem Moment beschäftigen, nur nicht immer in konstruktiver Weise.

Wie sind denn zum Beispiel Sie heute Morgen aufgestanden? Was waren Ihre Gedanken? Wird das ein toller Tag oder wird das ein Tag voller Probleme? Geht es Ihnen gut, auch wenn vielleicht irgendwo der ein oder andere Muskel oder Wirbel zwickt, oder dominieren die Schmerzen diesen Tag und das wird heute ganz furchtbar. Ist das Wetter schön oder ist es nicht schön, egal ob es gerade regnet oder die Sonne scheint? Gehen Sie mit offenen Sinnen in den Tag und freuen sich auf alles, was kommt und was Sie erleben werden? Oder gehen Sie eher mit einem klaren Blick auf eine bestimmte Aufgabe los? Sehen Sie, was links und rechts des Weges alles geboten wird, oder sind Sie nur auf das fixiert, was Sie sich für heute vorgenommen haben?

Sie sehen schon, der Moment kann sehr unterschiedlich sein, und ich möchte Sie einladen, den Moment positiv zu sehen und als Kraftquelle zu nutzen. Es ist sicher eine der größten Aufgaben für uns Menschen, mit offenen Sinnen durch die Welt zu gehen. Wenn wir das tun, dann werden wir immer wieder und an jedem Tag Momente finden, die uns Kraft spenden, die uns schöne Augenblicke bescheren und dafür sorgen, dass es uns gutgeht:

Hören Sie die zwitschernden Vögel am Straßenrand? Sehen Sie das Licht des Tages, wenn der Morgen erwacht und die Sonne über die Baumwipfel steigt? Gehen Sie eigentlich morgens zum Sport? Und wenn ja, mit welchen Gedanken gehen Sie zum Sport?

Was spendet Ihnen überhaupt Kraft, wissen Sie das? Ich stelle immer wieder fest, dass, wenn ich meine Coachingnehmer frage: „Was sind Deine Kraftquellen? Was machst Du gerne? Was spendet Dir Kraft?", ich darauf nicht von jedem sofort eine Antwort erhalte.

Wenn es Ihnen auch so geht, lade ich Sie ein, darüber nachzudenken, denn das ist eine der wichtigsten Fragen, die wir täglich zu beantworten haben. Was tut mir gut, was spendet mir Kraft? Die Krafträuber und die Energieräuber kommen von ganz allein, sei es Stress, manchmal ist es die Familie, manchmal ist es der Beruf, manchmal der Chef, manchmal die Kollegen, manchmal ist es leider auch die eigene Gesundheit. Was auch immer es ist, die Krafträuber kommen und sie sind im Leben auch nicht zu vermeiden. Wie gehen wir mit Ihnen um und ist unser Krafttank wirklich voll genug aufladen? Überladen können wir den nicht. Er ist wie ein Akku, er kann ruhig immer voll sein. Das schadet nichts. Ich weiß, die Elektriker werden sagen: Akkus brauchen auch Entladung, aber die kriegen wir ja als Mensch von ganz allein.

Noch eine Überlegung, die ich Ihnen auch gerne mitgeben möchte: Nichts im Leben ist immer gut oder immer schön. Kein Leben verläuft nur in Höhen. Die Tiefen gehören im Leben dazu und wie auch immer Sie gerade „drauf sind" bzw. wie auch immer gerade Ihr aktuelles Befinden ist, ob Sie gerade überlastet sind, zu viel Arbeit haben, vielleicht persönlichen Stress oder was auch immer Sie belastet: Der Tag wird den einen oder anderen schönen Moment für Sie bereithalten - Sie müssen ihn nur sehen!

Ich selbst kann von mir sagen, dass ich viele Jahre meines Lebens mit geschlossenen Sinnen durch die Welt gelaufen bin. Ich war immer fokussiert auf meine Aufgabe, immer unter Anspannung, immer belastet und habe die vielen schönen Dinge im Leben links und rechts des Weges nicht oder viel zu wenig wahrgenommen. Und so ging es mir dann auch. Ich war häufig gereizt, selten ein guter Gesprächspartner für meine Familie und immer, wie man so schön sagt, „unter Strom".

Zum Glück ist das heute anders und ich kann die Dinge links und rechts des Weges und in der Natur viel besser genießen: Das anregende Gespräch mit einem Freund oder einer Freundin, das wohlschmeckende Glas Wein, den Spaziergang am See, meine morgendliche Radrunde in der Natur, das Sitzen in meinem Garten, ein gutes Buch oder das Bauen an meinen Modellen.

Was auch immer es für Sie ist: Suchen Sie sich etwas, das Ihnen Kraft spendet und gehen Sie möglichst viel raus in die Natur. Genießen Sie den Moment, die Natur spendet unglaublich viel Kraft und die Natur ist in ihrer Schönheit nicht zu übertreffen. Sie müssen diese Schönheit nur sehen, die Augen aufmachen. Die Sinne öffnen, um dem Wasser zu lauschen, wenn Sie am Meer sind oder am See, dem Rauschen der Bäume, wenn Sie im Wald sind und die Tiere links und rechts des Weges sehen. Positive Gedanken - ich weiß, das klingt immer so ein bisschen abgedroschen. „Ich kann doch nicht immer positiv denken", geht es Ihnen vielleicht durch den Kopf. Aber selbst wenn Sie morgens manchmal aufstehen und es regnet, sind es Ihre eigenen Gedanken, in denen Sie frei sind, in denen Sie sagen können: „Es regnet, meine heutigen Aktivitäten fallen ins Wasser", oder aber: „Es regnet. Deswegen leben wir hier in Deutschland und alles ist so grün um uns herum und eben keine Wüste. Dann ändere ich heute halt meinen Plan und mache etwas, was man auch im Regen gut machen kann."

Mein bester Freund übrigens ist ein wahrer Regenfan. Er würde sich niemals von einem Spaziergang abhalten lassen, nur weil es regnet. Sie kennen den alten Spruch bestimmt: Es gibt gar kein schlechtes Wetter, es gibt nur falsche Kleidung.

Wir haben nur den Moment: ***All we have is now!***

Machen wir das Beste daraus.

Was also haben Sie sich vorgenommen?

Was sind Ihre Aktivitäten, die Ihnen Kraft spenden werden für die nächste anstrengende (oder vielleicht auch nicht anstrengende?) Arbeitswoche?

Welche Sinne wollen Sie in diesen Tagen besonders öffnen?

Und was wollen Sie ganz besonders genießen, was soll Ihnen Kraft spenden?

Mit welchen Gedanken starten Sie in den nächsten Tag?

Freiraum für Ihre Gedanken

17 Ich übe noch

Es ist besser, unvollkommen anzupacken,
als perfekt zu zögern.
Thomas Alva Edison

„Ach ja, der Perfektionist in mir", stöhnte mein Klient verzweifelt. Und das war schon die fortgeschrittene Version,
denn vor ein paar Wochen hätte er wahrscheinlich noch -
sehr trotzig und zu gleich über sich selbst verärgert - gesagt: „Ich bin halt ein Perfektionist!"

Mittlerweile hatten wir schon ein paar Coachings gehabt
und er konnte inzwischen gut annehmen, dass ein Teil
von ihm ein Perfektionist war, aber eben nur ein Teil von
ihm. Dieser Persönlichkeitsanteil ging auf einen der Antreiber zurück, die wir aus der Transaktionsanalyse kennen, den Antreiber: „Sei perfekt!"

Die verschiedenen Antreiber, die die Transaktionsanalyse beschreibt, haben wir in unterschiedlicher Ausprä-
gung natürlich alle – jeder in seiner ganz individuellen

Kombination. Sie entstehen schon in unserer Kindheit und Jugend und begleiten uns unser ganzes Leben lang. Ohne diese Antreiber ginge es auch schlecht, sie sorgen dafür, dass wir Dinge erledigt bekommen, im Leben vorankommen und erfolgreich sind.

Menschen, bei denen ein oder mehrere Antreiber besonders stark ausgeprägt sind, haben es oft nicht leicht, denn es stellt sich häufig eine innere Unzufriedenheit ein, weil sie es diesem Antreiber bzw. diesen Antreibern scheinbar nie recht machen können.

In meiner Praxis begegnen mir besonders häufig Menschen, die einen stark ausgeprägten Antreiber der Gattung „Sei perfekt!" haben. Vielleicht hat dies nur damit zu tun, dass solche Menschen überdurchschnittlich häufig Coachingbedarf haben, da Sie allein nicht mehr aus ihrer „Sackgasse" herausfinden. Ich weiß das nicht genau, es ist einfach ein Fakt.

„Es ist einfach nicht gut genug, das muss noch besser gehen!"

„Ich muss noch mehr arbeiten, dann wird es sicher noch besser."

„Ich mache noch eine Fortbildung, Wissen schadet nie."

Perfektionisten neigen aber nicht nur dazu an sich selbst Anforderungen zu stellen, die sie einfach nicht erfüllen können. Insbesondere als Führungskräfte übertragen sie diese Anforderungen auch gerne auf ihre Mitarbeitenden und diese können dann meist tun, was sie wollen, es ist nie gut genug. Je nach Persönlichkeit des Chefs kommt es dann teilweise zu sehr harten Urteilen, die oft als ungerecht empfunden werden. Am besten verdeutlicht dies das Beispiel von Klaus, der eines Tages ziemlich wütend zu mir ins Coaching kam. Er warf zwei DIN A4 Seiten auf den Tisch und sagte: „Da, lies Dir den Scheiß durch, den mein Mitarbeiter geschrieben hat. Alles voller Fehler, dem habe ich den Marsch geblasen... ."

Ich las den Text und fand – ziemlich zum Ende von Seite zwei – tatsächlich einen Kommafehler… .

Natürlich gibt es Situationen, in denen sind wir alle froh, wenn Perfektionisten am Werk sind: Fluglotsen im Tower, Herzchirurgen am OP-Tisch, um nur zwei Beispiele zu nennen.

Im täglichen Leben aber würde uns oftmals etwas mehr Gelassenheit sehr guttun. Für ganz viele Konstellationen sind 80%-Lösungen völlig ausreichend und machen das Leben so viel leichter. Diejenigen unter Ihnen, die auch betriebs- oder volkswirtschaftlich etwas bewandert sind, werden zustimmen, dass die perfekte Lösung häufig auch einfach schlicht zu teuer oder zu aufwendig ist – die Stichworte für Experten lauten abnehmender Grenznutzen und Pareto-Optimum.

Wer jedoch einen sehr starken inneren Antreiber aus der Kategorie „Sei perfekt!" hat, für den ist es natürlich schwer, mit 80%-Lösungen zufrieden zu sein. Gerade deshalb ist der Spruch, den ich diesem Impuls vorangestellt habe, vielleicht ein wunderbarer „Erlauber" für solche Menschen:

„Entschuldigung, es ist mein erstes Leben, ich übe noch." Da muss man dann auch nicht perfekt sein.

Überhaupt: Ist perfekt sein nicht ein furchtbarer Gedanke? Was kommt danach, wenn der Zustand der Perfektion – vielleicht sogar dauerhaft – erreicht ist? Es gibt keine Ziele mehr, Sie können nicht mehr besser werden. Sie gewinnen immer, aber es ist nichts mehr wert, denn es gibt ja keine adäquate Konkurrenz. Sie werden sehr einsam werden, denn wer will schon mit jemandem zusammen sein, der immer perfekt ist? Und überhaupt, was ist Perfektion noch wert, wenn sie dauerhaft erreicht ist? Als Dartsspieler könnte ich sagen: Stell Dir vor, alle Legs wären 9-Darter (das perfekte Spiel)! Leuchten Ihre Augen, nein sicher nicht. Binnen Minuten wäre das sehr langweilig. Perfektion hat nur deshalb einen Wert, weil Sie meist **nicht** erreicht wird.

Und Sie? Wie halten Sie es mit der Perfektion?

Haben Sie einen Beruf oder ein Hobby, in dem Perfektion unbedingt erforderlich ist?

Kennen Sie jemanden, der sich aufgrund seines Perfektionsstrebens schon einmal selbst „im Weg gestanden hat"?

Falls Sie mal selbst in eine Art Perfektions-Sackgasse geraten sollten (nur mal angenommen), welcher Satz könnte Ihr „Erlauber" sein, um aus dieser wieder herauszukommen?

Freiraum für Ihre Gedanken

18 Die Falknerin

Nichts muss so gut vorbereitet sein
wie eine Improvisation.
Otto Schenk

Führungskräfte in Unternehmen und sonstigen Institutionen haben es nicht leicht. Sie tragen viel Verantwortung für sich, für andere Menschen und natürlich für die gewünschten Ergebnisse. Doch allein können Sie nichts bewirken, Sie sind auf die Zuarbeit ihrer Mitarbeitenden und die Kooperation von Lieferanten, Kunden und vielen anderen Geschäftspartnern angewiesen. Da läuft natürlich nicht immer alles rund, was ich mal an ein paar typischen Äußerungen meiner Coachingklienten verdeutlichen möchte:

„Meine Filiale hat wieder einmal gar nichts begriffen, obwohl wir alles eingehend besprochen hatten. Als ich heute Morgen kam, war nichts so vorbereitet, wie es sein sollte."

„Herr X wird es nie schaffen, dem habe ich es jetzt schon zehnmal erklärt, der lernt es nie."

„Die da oben (gemeint sind natürlich die eigenen Chefs) haben doch gar keine Ahnung, was hier an der Basis abgeht. Die haben überhaupt kein Verständnis für mich."

„Dieser blöde Lieferant ist aber auch niemals pünktlich und hat immer eine Ausrede, jetzt müssen wir wieder knüppeln und ich darf die Verzögerungen rechtfertigen."

„Man eh, die hat heute wieder eine Laune, ich bin ihre schnippische Art so was von leid!"

Noch weitere zehn Beispiele gefällig? Nein, ich denke

auch, dass es reicht. Sie kennen das wahrscheinlich ja ohnehin aus dem eigenen Erleben und haben vielleicht an der ein oder anderen Stelle auch Situationen aus ihrem eigenen Leben wiedererkannt.

Natürlich habe ich Verständnis für meine Klienten, denn ich sage schon seit Jahrzehnten, dass Führungskraft zu sein, keine einfache Aufgabe ist. Sogar im Gegenteil, es ist sehr schwer und man kann es niemals allen recht machen. Alle Führungskräfte aber haben sich diese Aufgabe ausgesucht, niemand hat Sie unter Anwendung körperlicher Gewalt gezwungen, Führungskraft zu werden oder gar zu bleiben. Und damit ist klar, Sie haben all diese Herausforderungen freiwillig gewählt und diese sind in der Führung auch nicht zu vermeiden.

Allerdings ist es auch genau das, weswegen ich die Tiere und die Arbeit mit ihnen so liebe: Egal, was ich plane, egal, was ich vorhabe: Immer gibt es mindestens einen Vogel, der mir dazwischenfunkt und den Plan ändert. Langeweile kommt nie auf, und so bleibt meine Arbeit als Falknerin jeden Tag aufs Neue spannend und aufregend.

Sandra Jung, Falknerin auf Burg Greifenstein
aus: Die Herrscher der Lüfte und ich: Mein Leben mit Greifvögeln, S.228

Es lohnt daher sicher, sich mit dem Mindset der jungen Falknerin auf Burg Greifenstein auseinanderzusetzen. Es läuft immer anders ab als geplant! Einer (ihrer Vögel) tanzt immer aus der Reihe oder ist „schlecht drauf". Improvisation ist täglich und vollkommen normal!

Und, wie geht die Falknerin damit um? Es inspiriert sie, sie sieht das als großen Reiz, als tägliche

Herausforderung, ja gar als Garantie gegen Langeweile in ihrem Leben! Mit diesem Mindset kann sie die Dinge natürlich viel freudiger und positiver angehen, als viele Führungskräfte es können. Und bevor dieser Einwand gleich vorgetragen wird, Ergebnisverantwortung hat die Falknerin erst recht, denn als Selbständige lebt sie auch noch vom Erfolg ihrer Arbeit. Viele Führungskräfte bekommen jahrelang ihr Gehalt, völlig egal, ob sie erfolgreich sind oder nicht.

Und damit sind wir wieder an einer Stelle, die sich schon so oft als Kern meiner Arbeit herausgestellt hat: Es ist niemals das Ereignis als solches, sondern unsere Bewertung bzw. unser Umgang damit, der dafür sorgt, dass wir uns gut oder schlecht fühlen. Ist es ein Problem, das mich nervt, mir Energie raubt, mir die Lust nimmt, überhaupt zur Arbeit zu gehen oder ist es..., ach lesen Sie doch bitte einfach nochmal das Zitat von Sandra Jung.

Noch ein letzter Gedanke: Nur mal ganz fiktiv angenommen, es würde immer alles gelingen, alle Mitarbeitenden arbeiten perfekt, sind voll motiviert und identifiziert, alle Lieferanten liefern pünktlich und in bester Qualität, alle Kunden sind zufrieden und so weiter. Dann braucht ihr Unternehmen bzw. ihre Institution sicher weiterhin seine Mitarbeitenden, aber Sie als Führungskraft wahrscheinlich nicht mehr, denn was sollte dann noch Ihre Aufgabe sein? Wollen Sie das wirklich?

Nun also in die Reflexionsschleife:

Bei welchen Situationen könnte das Mindset von Sandra Jung auch für Sie hilfreich sein?

Was würde sich in Ihrem (Er-)Leben ändern, wenn Sie so denken würden, wie die Falknerin der Burg Greifenstein?

Viel Freude bei Ihren Überlegungen!

Freiraum für Ihre Gedanken

19 Be a voice

Be a voice, not an echo.

Kalenderspruch

Vielleicht kennen Sie diese Geschichte, die in der Originalfassung, die ich hier deutlich gekürzt habe, von Bestsellerautor Martin Suter stammt:

Drei hochrangige Manager sitzen um einen Konferenztisch, denn heute ist ein wichtiger Tag. Zwei Bewerber präsentieren sich für die Stelle des Marketingchefs ihres Unternehmens. Die drei Manager sind edel gekleidet, dunkler Anzug, weißes Hemd, Krawatte mit Firmenlogo in dezentem Dunkelblau.

Der erste der beiden Kandidaten ist ein junger Mann knapp über dreißig, er trägt eine helle Stoffhose und ein buntes Hemd. Sein Haar ist wild, er ist voller Energie, spricht laut und klar und ist voller Tatendrang. Er hält eine mitreißende Präsentation am Flipchart, die er live zeichnet und die voller neuer Ideen ist. Er hat zahlreiche kreative Ansätze parat, zeigt neue Wege auf und vermittelt absolut überzeugend seine Vision einer erfolgreichen Kundenentwicklung für das Unternehmen. Die drei Manager sind begeistert, applaudieren mehrfach und sogar ein „Bravo-Ruf" ist zu vernehmen.

Der zweite Bewerber ist zehn Jahre älter, er trägt einen dunklen Anzug, ein weißes Hemd und eine dunkelblaue Krawatte. Er wirkt gediegen und referiert zunächst lange und mit gedämpfter Stimme über seinen persönlichen Werdegang und die drei Topmanager erinnern sich sichtlich an ihre eigenen Lebensläufe. Er hat eine Präsentation auf Hochglanzfolien vorbereitet, die den üblichen

Präsentationen des Managements zum Verwechseln ähnlich ist. Er geht alle Vertriebskanäle, die das Unternehmen bereits in Anwendung hat, durch und lobt die weise und zukunftsgerichtete Aufstellung des Unternehmens. Er sei sicher, die Kunden werden bald erkennen, wie gut sie bei diesem Unternehmen aufgehoben seien. Neue Wege und Ideen brauche es nicht, weshalb er an dieser Stelle auch keine präsentieren möchte. Die drei Manager gähnen mehrfach ausgiebig und der Vorstandsvorsitzende lässt sich gar zu einem „weiter, weiter, das kennen wir schon" hinreißen. Nach dem Auftritt des Bewerbers gehen die drei erstmal in eine ausgiebige Mittagspause, man braucht Koffein.

Am Abend kommt einer der drei Manager nach Hause und seine Frau begrüßt ihn neugierig mit den Worten: „Und, erzähl, wie war Euer Auswahlverfahren, wer ist es geworden?"

Nun, Sie liebe Leserinnen und Leser, ahnen sicher schon die Antwort, die da lautete:
„Wir hatten einen perfekten Bewerber, der sowohl im persönlichen Auftreten als in der strategischen Analyse unserer Vertriebswege zu 100% zu uns, unserer Ausrichtung und unserer Denkweise passt. Besser hätte es nicht laufen können, wir sind sehr zufrieden und haben uns natürlich für den zweiten Kandidaten entschieden."

In meiner Coachingarbeit begegnen mir immer wieder Manager, die sich beklagen zu wenig Feedback zu bekommen. Je höher in der Unternehmenspyramide, desto weniger und ganz oben bist Du oft ganz allein. Viele wünschen sich zwar kritisches Feedback, bekommen es aber nicht. Ohne Feedback fehlt dann sehr oft eine kritische Reflektion und die Gefahr, Dinge zu einseitig zu sehen und dadurch Fehler zu machen, steigt. Manche Menschen fangen dann auch an, sich „in der Sonne zu aalen", getreu dem Motto: „Mir widerspricht ja keiner, also muss es richtig sein." Das ist sehr oft leider ein allzu kurzsichtiger und gefährlicher Trugschluss.

Wollen Führungskräfte wirklich ein konstruktiv kritisches Feedback aus ihrem Umfeld erhalten und dazu kann man sie nur ermutigen, dann müssen sie schon bei der Auswahl ihrer Mitarbeitenden insb. im nahen Umfeld besonders sorgfältig vorgehen. Mit der Kopie meiner selbst werde ich mich wahrscheinlich gut verstehen und vielleicht sogar schnell Freundschaft schließen, aber dafür werde ich halt meist auch nur ein Echo bekommen und keine kritische Reflektion oder gar eine kontroverse Meinung, welche die Sache durchaus voranbringen könnte. Auch ist der Umgang mit kritischen Äußerungen sehr wichtig, denn wenn ihre Mitarbeitenden erstmal gelernt haben, dass solch kritische Rückmeldungen gar nicht erwünscht sind und eh nichts bewirken, dann stellen die Mitarbeitenden ihr Feedback auch schnell wieder ein. Wer will sich schon ständig den Ärger des Chefs bzw. der Chefin zuziehen? Wer wirklich offene und ehrliche Reflektion und Feedback haben möchte, der muss dafür auch die notwendige offene und positive Feedback-Kultur schaffen.

Ich hatte in meinem Berufsleben das Glück, einmal für einen Chef arbeiten zu dürfen, der genau das geschafft hat. Er sagte einmal zu mir: „Ich habe Sie ganz bewusst als meinen Stellvertreter eingestellt, weil Sie so ganz anders sind als ich. Mich selbst habe ich ja schon." Da hatte er wohl recht.

„Be a voice, not an echo.", zu diesem Spruch hätte man sicher ganz verschiedene Impulse schreiben können, ich belasse bei diesem und schließe noch zwei Fragen für Sie an:

Wer sind Ihre konstruktiv kritischen Feedback-Geber und wie gehen Sie mit ihnen um? Erfahren diese genug Wertschätzung von Ihnen?

Für wen könnten Sie eine Stimme und nicht nur ein Echo

sein?

Freiraum für Ihre Gedanken

20 Aufladen

Menschen, die sich immer fragen, ob das Glas halb voll oder halb leer ist, haben nicht verstanden, dass man das Glas nachfüllen kann.

Kalenderspruch

Mein Klient wirkte schon am Telefon angeschlagen. „Wie geht's"? , fragte ich ihn freudig und zurück kam nur ein gequältes: „Geht so."

So ließ denn unser nächster Coachingtermin auch nicht lange auf sich warten. Dem engagierten jungen Mann, Teamleiter in einem mittelständischen Unternehmen, finanzierte sein Chef ein Coaching, weil er einer seiner Leistungsträger war, sehr engagiert und loyal und sein Chef ihn unbedingt langfristig an das Unternehmen binden wollte.

In seinem Coaching wollte er mehr zu sich finden, um damit die Belastungen noch besser steuern zu können, insgesamt ausgeglichener zu sein und zu wirken. Wir waren auch schon gut vorangekommen und der schon am Telefon spürbare Rückschritt passte nicht so recht ins Bild.

Mit gesenktem Blick saß er also einige Tage später in meinem Coachingraum und sprudelte los: „Ich schaffe gerade nix weg, ich komme gar nicht zu meiner Arbeit. Alle wollen etwas von mir und mit meiner Kollegin von der Beschaffung bin ich auch schon wieder „zusammengerauscht". Die kriegt einfach die Dinge nicht auf die Reihe und löchert mich ständig mit Fragen. Mein Chef sorgt auch nicht für Klarheit, der müsste mal eine Ansage machen."

Immer noch fiel es meinem Klienten schwer, mich

anzusehen und so fragte ich nochmal nach: „Ok, da gibt es also auf der Arbeit ein paar Rückfälle in alte Muster, das hatten wir ja alles schon einmal. Ist noch was, vielleicht im privaten Bereich?"

„Ja, das auch. Meiner Mutter geht es nicht gut, ich habe gerade viel zu organisieren und ich ärgere mich über meine Schwester, die kümmert sich um nichts. Alles bleibt an mir hängen. Und um ehrlich zu sein, am meisten ärgere ich mich über mich selbst – ich war durch unsere Coachings auf einem so guten Weg und jetzt fühlt es sich an, als hätte ich bislang gar keine Fortschritte gemacht. Das macht mich traurig und wütend."

Nun lagen die Themen also auf dem Tisch und ich kannte sie alle bereits aus früheren Coachingsitzungen, was mich beruhigte. Mein Klient hatte so etwas wie einen „Rückfall" in alte Verhaltensweisen und das möchte ich keinesfalls abtun. Für ihn war das eine schwierige Situation, mich aber beruhigte, dass keine neuen Baustellen aufgetaucht waren. Die hohen eigenen Ansprüche taten ihren Teil dazu, denn Rückschritte in seiner Entwicklung, so normal sie auch waren und dazugehörten, konnte mein Kunde immer nur sehr schwer akzeptieren. Der Kern aber lag wahrscheinlich mal wieder darin, dass er vergessen hatte, was ihm guttat, der Akku war leer, so könnte man es bildhaft sagen. Ich hatte also eine Strategie.

„Ich weiß Rückschritte sind nichts für Dich, aber erinnerst Du Dich an die Grafik, die wir in einer unserer ersten Sitzungen gemalt haben?", fragte ich ihn. Es war das simple Bild gewesen, dass sich alle Menschen für ihre Entwicklung eine linear steigende Gerade wünschen, der Verlauf meist jedoch eine heftige Zickzacklinie ist, die auch deutliche Ausschläge nach unten hat.

„Du meinst die rote gezackte Linie statt der grünen Geraden", schmunzelte er. „Ja, ich sollte nicht so streng mit mir sein."

Der Bann war gebrochen, sein Gesichtsausdruck hellte sich auf.

„Um ehrlich zu sein, ich würde sagen, Du bist schlicht urlaubsreif!", rief ich ihm zu, um im Anschluss noch ein paar Fragen zu stellen.

„Wie oft hast Du in den letzten Wochen in Deinem Lieblingssessel gesessen und klassische Musik gehört?" Das war eines seiner großen Hobbys, bei denen er sich entspannen konnte.

„Wie oft bist du spazieren gegangen und hast die Natur genossen? Wann warst Du das letzte Mal in der Sauna, die ja so magst, um Dich zu entspannen? Und wann hast Du das letzte Mal mit Deinem Kumpel an Eurem gemeinsamen Modellbauprojekt gebaut?"

Sie, liebe Leserinnen und Leser, ahnen sicher die Antworten. In den letzten sechs Wochen hatte nichts davon stattgefunden.

Mein Klient hatte mich nun durchschaut, denn ich hatte zielgerichtet die Aspekte abgefragt, die wir in meinem ganzheitlichen Coachingansatz seinem Feld der „Ich-Zeit" zugeordnet hatten. Also die Dinge, die er nur für sich und sein Wohlbefinden tat und die seine Kraftquellen waren. In den vergangenen Wochen hatte er ganz offensichtlich auf alle Ich-Zeit verzichtet und seine Reserven waren nun aufgezehrt. Kein Wunder also, dass er „auf dem Zahnfleisch ging".

„Hör auf!", blaffte er mich an und ich lächelte – Volltreffer. „Du hast ja recht, ich habe mal wieder vollkommen vergessen, auf mich Acht zu geben und das ist das Ergebnis. Mist, genau mein altes Muster."

Das war natürlich eine tolle Formulierung, denn wenn das sein altes Muster war, dann gab es auch ein neues und das konnten wir jetzt gemeinsam reaktivieren. Der Blick nach vorne war wieder möglich und so diskutierten wir die richtige Strategie für die nächsten Wochen.

„Für schwierige Aufgaben und Gespräche habe ich aktuell keine Kraft, ich muss erst den Akku wieder aufladen.", so das Fazit meines Klienten.

Sein Weg war also für die nächsten zwei Wochen eine Art „Überdosis Ich-Zeit" und ich musste gar nicht viel tun und lenkte nur mit ein paar Absicherungsfragen. Er nahm sich vor, die nächsten zwei Wochen drei Tage im Homeoffice konzentriert zu arbeiten und an allen Tagen um 16 Uhr Schluss zu machen. Er legte zwei Saunaabende ein und traf sich mit seinem Freund zu einem ausgiebigen Modellbauwochenende. Noch im Coachingraum kaufte er sich online eine neue Live-Aufnahme der Berliner Philharmoniker und strahlte bei dem Gedanken, sie bald anzuhören.

Es erschien mir zielführend, an diesem Tag nicht weiter auf die Lösungen, der natürlich noch im Raum stehenden Belastungen einzugehen. Er sollte dringend klärende Gespräche mit seinem Chef und auch mit seiner Schwester führen. Wir werden nochmal an seinen Delegationsfähigkeiten arbeiten, aber das alles hatte heute keinen Platz.

„Ok, die nächsten zwei Wochen sind also voll mit Ich-Zeit! Das gefällt mir, es klingt nach Auto an der Schnellladestation. Aber danach möchte ich Dich zeitnah wiedersehen, dann arbeiten wir an den Themen, die hinter der aktuellen Situation stehen.", schlug ich ihm vor.

Und genau so machten wir es dann auch, wir verabredeten uns zwei Wochen später und mein Klient kam an diesem Tag ganz anders durch die Tür und so konnten wir die Themen sehr gut bearbeiten. Für diesen Impuls ist das jedoch nicht mehr von Belang.

Immer wieder erlebe ich in meiner Arbeit, dass Menschen scheinbar vergessen, auf sich Acht zu geben. Sie vergessen, was Ihnen guttut und steigern sich in ihre Arbeit und ihre selbstdefinierten Probleme hinein. Eine Zeit lang geht das meist ganz gut, dann irgendwann fühlen sie sich vollkommen ausgelaugt und leer. Die Kräfte sind aufgebraucht und der Akku muss dringend aufgeladen werden, doch das geht nur, wenn man sich an seine Kraftquellen erinnert.

Nun also sind Sie an der Reihe:

Wenn Sie sich den eignen Kräftevorrat als Ladeanzeige eines Akkus vorstellen, auf welchem Ladezustand von 1 (so gut wie leer) bis 10 (vollständig aufgeladen) befinden Sie sich?

Wenn Ihr Akku ziemlich leer ist, sollten Sie ihn aufladen. Was sind denn Ihre Kraftquellen, die Ihnen guttun und dazu beitragen, den Akku aufzuladen?

Was davon wollen Sie zuerst angehen und wann ganz konkret?

Wovon sollten Sie aktuell eine Pause machen, um nicht noch mehr Akkuladung zu verlieren?

Brauchen vielleicht auch Sie mal wieder eine „Überdosis Ich-Zeit"?

Freiraum für Ihre Gedanken

_____

_____

_____

_____

_____

_____

_____

_____

_____

21 Schlusspfiff

Kein Mann ist vollkommen frei von Schwäche und
Unvollkommenheit in seinem Leben.
John Adams

Es ist ein komisches Gefühl als ich Klaus die Hand gebe
und auf der Bank hinter dem Tor Platz nehme, auf der ich
seit Jahren sitze, wenn mein Sohn ein Heimspiel hat und
ich ihm dabei zuschaue. Klaus kenne ich ebenfalls seit
Jahren noch aus seiner Zeit als Mannschaftsbetreuer, in
der ich ihm oft als Schiedsrichter begegnet bin. Er ist
schon lange Rentner und wir schauen die Spiele seit Jahren gemeinsam.

Seit 22 Jahren spielt mein Sohn nun Fußball und ich erinnere mich gut an die ersten Momente im Alter von 5 Jahren. Die Hosen gingen bis weit über die Knie, die Trikots
glichen eher Nachthemden. Das Spiel war nicht immer
das Wichtigste, manchmal wurden auch einfach Gänse-
blümchen gezählt. Seitdem ist viel passiert, engagierte
leistungsbezogene Jahre im Jungendbereich, drei Jahre
Fußballpause aufgrund des Studiums im Süden Deutschlands und seit mehreren Jahren spielt mein Sohn nun in
der 1.Herrenmannschaft des Nachbardorfes.

Ich habe nicht immer Zeit gehabt, ihm zuzuschauen, weil
mich anfangs mein Beruf einschränkte, ich dann selbst
nochmal einige Jahre als Fußballschiedsrichter und
als Funktionär aktiv war und sich die Termine überschnit-
ten. Nachdem ich der Corona-Zeit alle eigenen Aktivitäten rund um den Fußball aufgegeben habe, bin ich seit
einigen Jahren nur noch „Fan meines Sohnes" gewesen.

Für Christopher, meinen Sohn, war es immer wichtig,

Fußball mit seinen Freunden zu spielen, mit denen er teilweise schon seit vielen Jahren zusammenspielt. Das Erlebnis „Mannschaft" und Gemeinsamkeit war immer das Wichtigste, erst dann kam bei allem sportlichen Ehrgeiz die Frage des sportlichen Erfolges. Dieses Jahr ließ sich beides sehr gut miteinander verbinden, man steht kurz vor dem Aufstieg in die Landesliga, die zweithöchste Landesklasse, und es wäre der größte sportliche Erfolg des Vereins. Es ist das letzte von drei Aufstiegsspielen und man führt nach zwei Spieltagen die Tabelle an, ein Unentschieden reicht heute zum sicheren Aufstieg.

Das alles verleiht dem Tag schon etwas Besonderes, doch da ist noch mehr. Vor zwei Wochen hat uns unser Sohn mitgeteilt, dass er nach der Saison aufhören wird bzw. zumindest ein halbes Jahr aussetzen wird, um zu sehen, wie es ihm ohne Fußball geht. Ich wusste natürlich, dass es solche Gedanken gibt, denn sowohl die zeitliche Belastung neben dem herausfordernden Beruf, den mein Sohn ausübt, als auch zunehmende körperliche Beschwerden waren schon länger ein Thema. Dennoch kam die Mitteilung überraschend. Es ist für einen knapp 27-jährigen sehr weitsichtig diese Pause einzulegen und ich kann vor meinem Sohn nur „den Hut ziehen" und doch fühlt es sich komisch an.

Und so ist es nun so weit, zum vielleicht letzten Mal sehe ich meinen Sohn mit seinem Team den Rasen betreten. Ein vielleicht letztes Mal philosophieren Klaus und ich über das, was uns gleich erwarten könnte. Diese zwei Stunden auf dem Fußballplatz waren für mich immer wie eine kleine Auszeit, einfach der Vater, der seinem Sohn beim Spielen zuschaut. Nicht mehr der Schiedsrichterbeobachter, der mitschreiben und aufpassen muss. Auch alle anderen Gedanken, die sonst meinen Tag bestimmen, waren in diesen zwei Stunden einfach weg. Keine Gedanken an Themen zu Hause, an meinen Beruf, meine eigene Gesundheit oder rund um meine 85-jährige

Mutter. Ich war, zugegeben, ein „Schönwetterfan" und nur auf dem Platz, wenn das Wetter gut war. Im Regen habe ich früher so oft als Schiedsrichter auf dem Platz gestanden, das muss nicht mehr sein. So waren meine Besuche also immer ein „in der Sonne sitzen" und alle Gedanken und Sorgen hinter mir lassen. Einfach „Papa schaut Fußball von seinem Sohn". Nun also vielleicht zum letzten Mal. Es klingt möglicher Weise sonderbar, aber ich spüre Wehmut aufkommen und bin in diesen Minuten froh, meine Sonnenbrille zu aufzuhaben.

Die Geschichte des Spiels ist schnell erzählt. An diesem Tage liegt ein Klassenunterschied zwischen beiden Mannschaften und die weit aus dem Norden des Landes mit dem Reisebus angereisten Gäste haben keine Chance. Als die Stadionuhr auf 90 Minuten springt pfeift der an diesem Tag sehr gute Schiedsrichter auf die Sekunde pünktlich ab. Beim Stand von 4:0 sind an diesem Nachmittag alle Fragen eindeutig beantwortet, Nachspielzeit braucht hier niemand mehr.

Das Team meines Sohnes beginnt das Partyprogramm und steigt als Gruppensieger der Aufstiegsrunde erstmals in die Landesliga auf, alle singen und tanzen, Bengalos in den Vereinsfarben werden geschwenkt. Auf der anderen Seite ist die Stimmung ganz anders, denn die Gäste verpassen mit dieser Niederlage den Aufstieg und bleiben in der Verbandsliga. Die Spieler sinken enttäuscht zu Boden und bleiben lange ausdrucklos sitzen. Sie müssen der feiernden Heimmannschaft wohl über übel beim Jubeln zusehen.

Ich gehe um das Spielfeld herum, suche und finde meinen Sohn, umarme und beglückwünsche ihn. Ich bin sicher, dies ist auch für ihn kein leichter Moment, doch jetzt ist erstmal die verdiente Party nach einer langen Saison. Aufhören, wenn es am schönsten ist, das hat funktioniert.

Zehn Minuten habe ich mit Fahrrad nach Hause und dann ist dieses Kapitel erstmal beendet. Vielleicht war es

- nach vielen Kapiteln in Sachen Fußballsport - mein letztes. Wer weiß das schon und so bin ich bei aller Freude für meinen Sohn und sein Team an diesem Abend auch ein wenig traurig.

Und welche Reflexionsfragen stelle ich nun Ihnen, liebe Leserinnen und Leser?

Ich glaube, ich stelle Ihnen einfach keine Fragen, Sie sind sicher längst in Ihren eigenen Gedanken versunken.

Freiraum für Ihre Gedanken

22 Gelassenheit

Wir brauchen Inseln der Gelassenheit.
Aber wir sollten von diesen Inseln immer wieder zurück-
kehren zu den Herausforderungen.
Und das tun, was wir erholt tun können.
Wilhelm Schmid

Seit vielen Jahren stellt der Umgang mit besonderen Belastungssituationen – mache verwenden auch gerne den Begriff Burn Out – einen Schwerpunkt meiner Arbeit dar. Viele Menschen empfinden die Krisen der letzten Jahre als zusätzliche Herausforderungen, die gepaart mit den ohnehin hohen Ansprüchen, die der Job und/oder die Familie an sie stellen, zunehmend eine Überforderung darstellen. Corona mit seinen zahlreichen Auswirkungen und notwendigen Veränderungen, Krieg in Europa mit den damit verbundenen Ängsten und eine aufflammende Inflation, die viele Menschen bislang nur als theoretischen Begriff aus volkswirtschaftlichen Lehrbüchern kannten.

Im Ergebnis zeigen viele meiner Klienten klassische Überforderungssymptome, die sie allein nicht mehr steuern können. Die negativen Auswirkungen auf die Menschen sind dabei recht unterschiedlich. Während manche schlicht körperlich zusammenbrechen, ziehen sich andere immer mehr in die Isolation zurück, brechen soziale Kontakte ab und vereinsamen.

In solchen Situationen strebe ich der Zusammenarbeit zunächst immer eine Stabilisierung an. Wir suchen gemeinsam einen Ort, an dem sich meine Klienten behütet, geschützt und sicher fühlen. An diesem Ort kann dann sehr gut begonnen werden, nach Kraftquellen zu suchen.

Was stärkt mich? Was tut mir gut? Was habe ich vernachlässigt und was will ich – nur für mich und mein Wohlbefinden – ab sofort wieder tun? Das ist keineswegs so simpel, wie es hier auf dem Papier vielleicht klingt. Viele Menschen haben zunächst gar keine Antworten auf diese Fragen und die Suche nach den Kraftspendern braucht häufig viel Zeit.

Erst am Ende dieser Phase, wenn Sicherheit und Energie wieder über einen Zeitraum erlebt wurden, kehrt die Gelassenheit zurück. An diesem Punkt ist dann schon viel gewonnen und jetzt können wir gemeinsam beginnen, die bisherigen Krafträuber zu identifizieren und den Umgang mit ihnen neu zu ordnen. Krafträuber haben wir immer, sie alle zu beseitigen ist in der Regel nicht möglich. Es muss also darum gehen, den Umgang mit Ihnen so zu gestalten, dass wir gut mit Ihnen leben können.

Gelingt dies, dann ist es für meine Klienten meist auch gut möglich gewesen, die Position der Gelassenheit und Sicherheit wieder zu verlassen und die Dinge wieder kraftvoll anzugehen. Die Herausforderung, dabei stets die eigenen Grenzen im Blick zu behalten und zu respektieren, bleibt auch dann selbstverständlich erhalten. Das Bewusstsein rechtzeitig wieder einen Schritt zurück- und vielleicht doch noch einmal auf die Insel der Gelassenheit zu gehen, bevor wieder eine Überforderungssituation eintritt, wird in diesen Prozessen meist gut geschärft, so dass die Handlungskompetenzen der Klienten im Hinblick auf ihre Selbststeuerung spürbar zunehmen.

Ganz im Sinne von Herrn Schmid ist also der Wechsel zwischen den Positionen der Gelassenheit und der Herausforderungen ein wesentlicher Teil der Coachingarbeit.

Vor welchen großen Herausforderungen stehen Sie aktuell?

Wie fühlt es sich an – eher nach Überforderung oder eher nach gut machbar?

Wo ist Ihre Insel der Gelassenheit?

Was sind Ihre Kraftquellen und pflegen Sie diese regelmäßig?

Woran erkennen Sie rechtzeitig, dass es wieder einmal Zeit für Ihre Insel der Gelassenheit ist?

Freiraum für Ihre Gedanken

23 Selbstfürsorge

Und wer sich ausreichend um sich selbst kümmert,
hat auch Kraft, sich um andere zu kümmern.
Denn sich nur um andere zu kümmern,
das bedeutet in absehbarer Zeit zusammenzubrechen.
Es muss eine Balance geben zwischen Selbstfürsorge und
Sorge für andere.
Wilhelm Schmid

Viele von Ihnen sind sicher schon einmal geflogen und erinnern sich bestimmt an die Sicherheitshinweise, die freundliche Flugbegleiterinnen und Flugbegleiter immer vor dem Abflug vermitteln:

„Im unwahrscheinlichen Fall eines Druckabfalls in der Kabine fallen automatisch Sauerstoffmasken aus dem Panel über Ihnen. Ziehen Sie eine Maske über Mund und Nase, atmen Sie ruhig und gleichmäßig, **danach** helfen Sie mitreisenden Kindern und Hilfsbedürftigen."

Es ist der gleiche Ansatz, den auch Herr Schmid uns näherbringen will. Erst geht es um uns, dann können wir anderen helfen. Das hat mit Egoismus nichts zu tun, sondern folgt nur der Logik, dass helfen nur derjenige kann, dem es selbst gut geht.

„Aber das ist doch selbstverständlich!", möchten Sie mir zurufen. Bitte, sehr gerne, ich freue mich, wenn das für Sie so ist. Die Erfahrungen aus der Praxis sehen leider allzu häufig anders aus.

Am einfachsten wird das am Beispiel der Überstunden deutlich. Wenn etwas nicht funktioniert, also ich mit meiner Arbeit in der Arbeitszeit nicht fertig werde, dann tue mehr vom Gleichen, mache also Überstunden. So erlebe ich das fast überall. Erst kürzlich berichtete mir ein Produktionsleiter, er müsse aktuell wieder 10 Stunden am Tag arbeiten, weil „es" (er meinte seine tägliche Arbeit) nicht zu schaffen sei. Ist das ein erfolgversprechender Ansatz? In wenigen Fällen, in denen es sich um einen temporären und eindeutig befristeten, erhöhten Arbeitsanfall handelt, vielleicht. Grundsätzlich sicher nicht. Wenn etwas nicht funktioniert, versuche etwas anderes. Diese im Coaching übliche Maxime klingt da schon viel erfolgversprechender. Überstunden sind auf Dauer jedenfalls keine Lösung.

Allzu oft erlebe ich, um wieder etwas allgemeiner zu werden, dass meine Klienten sehr schnell bereit sind, die eigenen Bedürfnisse zurückzustellen, auf eigene Erholungszeiten zu verzichten oder eigene Hobbies auszusetzen. Kurzfristig mag das alles hilfreich und anerkennenswert sein, geleitet von edlen Motiven ist es auf jeden Fall. Das Problem ist nur, dass viele Menschen ihre eigenen Grenzen nicht kennen oder zumindest nicht verlässlich abschätzen können, wie lange und wie weit sie diese zu ihren Ungunsten verschieben können. Und wer das nicht kann, läuft Gefahr sich zu überfordern, selbst in die physische oder psychische Krise zu geraten und dann auch anderen nicht mehr helfen zu können.

Deshalb ist es unerlässlich: Schützen Sie sich, danach helfen Sie anderen.

Interessanterweise zeigt sich ähnliches auch im Bereich der Führung von Mitarbeitenden, was Alfred Herrhausen einmal in folgendem Satz zusammenfasste: „Wer sich selbst nicht zu führen vermag, der kann auch andere nicht führen." Ich möchte das hier nicht vertiefen, aber es beginnt immer bei uns – auch in Sachen Führung.

Wie gut können Sie Ihre Belastungsgrenzen spüren?

Was tun Sie, wenn diese erreicht sind?

Welche Lösungsansätze – außer „mehr vom Gleichen"
verfolgen Sie regelmäßig?

Was tun Sie für sich, um Ihre eigene Belastbarkeit möglichst auf hohem Niveau stabil zu halten?

Freiraum für Ihre Gedanken

24 Glücklich sein

Und die Freude wirkt als Kontrast zum Ernst des Lebens am stärksten. Es wäre allerdings ein Irrtum, zu erwarten, dass das Leben und meine Beziehungen immer nur Freude bieten können.
Alles im Leben schaukelt, auch die Freude – mal ist sie da, mal ist sie weg.
Wilhelm Schmid

„Ich möchte glücklich sein!", sagte meine Coachingnehmerin, als ich Sie nach ihrem Coachingziel für unsere Zusammenarbeit fragte. An diesen Moment musste ich sofort denken, als ich das Zitat von Herrn Schmid las.
Wer möchte das nicht – glücklich sein. Das ist doch ein so menschliches Bedürfnis, so nachvollziehbar und so anerkennenswert. Wollen wir nicht alle glücklich sein? Doch mit dem Glück ist das wie mit der Freude, beides können keine Dauerzustände sein. Wenn wir immer glücklich sind oder immer Freude empfinden, welchen Wert haben dann diese Gefühle noch? Wie schön es ist, Freude zu empfinden oder auch glücklich zu sein, das wissen wir doch gerade erst dadurch, dass wir gelernt haben, wie es sich anfühlt, wenn alles freudlos ist bzw. ich mich unglücklich fühle. Nur der Unterschied zwischen beiden Gefühlszuständen gibt Glück und Freude überhaupt einen Wert. Als absolute Ziele im Sinne von „ich möchte immer…" sind sie wertlos.

Nun habe ich das schon häufiger erlebt und meine Klienten können meine Einwände meist sehr gut nachvollziehen. Wenn wir dann am Ende der Zielfindung zu Formulierungen wie etwa

„Ich möchte so oft wie möglich glücklich sein…" oder
„Ich möchte so viel Freude wie möglich in meinem Leben
empfinden…",

gelangen, dann ist das wunderbar. Sie zu erreichen, ist immer noch schwer genug.

Mein Erleben gestalte ich schließlich selbst, vollkommen eigenverantwortlich und ob mit meinem Erleben positive Gefühle wie Freude oder Glück verbunden sind, das entscheide ich ebenfalls ganz allein. Genau diese Suchprozesse sind es, die unser Leben bestimmen. Dabei müssen viele Menschen häufig erst lernen, was ihnen Freude bereitet. Sie müssen lernen, sich an Kleinigkeiten zu erfreuen und die kleinen Glücksmomente in ihrem Leben aktiv wahrzunehmen. Von vielen meiner Klienten höre ich im Laufe der Zusammenarbeit dann z.B. Sätze wie diesen:

„Ich habe immer groß gedacht, die perfekte Lösung der Situation gesucht, alles andere machte mich nicht froh. Jetzt achte ich viel mehr auf die kleinen Dinge."

Ein Beispiel dazu: Petra, eine Führungskraft im klassischen Mittelmanagement und damit in der berüchtigten „Sandwichposition" suchte in der Zusammenarbeit mit mir nach der perfekten Work-Life-Balance. Anfangs musste in ihrer Vorstellung alles perfekt durchorganisiert sein: Zweimal die Woche Sport, einmal „Mädelsabend", am Wochenende Haushalt. Das hat, Sie ahnen es schon, nicht funktioniert und so war sie lange unzufrieden. Ich greife vor und zitiere mal einen Satz, den Sie ziemlich zum Ende unserer Zusammenarbeit gesagt hat und der gut verdeutlicht, welchen Umdenkprozess die Suche nach den kleinen Dingen, die für sie Glück und Freude bedeuten, bei ihr ausgelöst hat:

„Heute kann ich die 15 Minuten Mittagspause in der warmen Sonne am Seeufer mit einem leckeren Kaffee und dem Zwitschern der Vögel total genießen. Ich komme dann kraftvoll und erfüllt an meinen Arbeitsplatz zurück."

Solche Momente sind es oft, die uns Freude bereiten, wir müssen sie nur sehen. Und wir müssen natürlich gelernt haben, was -ganz konkret- es denn ist, das uns Freude und Glück empfinden lässt.

Also begeben Sie sich auf die Suche, dazu kann ich Sie nur einladen. Freude und Glück sind keine Dauerzustände, wir können nicht immer glücklich oder voller Freude sein. So oft wie möglich aber können wir das schon. Und - wir haben es selbst in der Hand!

Was erfüllt Sie mit Freude?

Was zaubert Ihnen immer ein kurzes Lächeln ins Gesicht?

Was bedeutet Glück für Sie?

Wann war Ihr letzter Glücksmoment? Haben Sie ihn bewusst genossen?

Freiraum für Ihre Gedanken

25 Schaukeln

Am häufigsten machen sich die Launen bemerkbar.
Es ist besser, mit ihnen mitzuschaukeln, als sich gegen ih-
ren Schwung zu stemmen.
Wilhelm Schmid

Vielleicht kennen Sie eine ähnliche Situation ja auch: Sie sind heute „schlecht drauf", Sie fühlen sich gereizt, genervt oder müde und möchten am liebsten von allen in Ruhe gelassen werden. Sie haben aber heute einen wichtigen Termin, egal ob geschäftlich oder privat. Schlechte Laune können Sie eigentlich gar nicht gebrauchen. Natürlich fällt auch Ihrem Umfeld auf, dass Sie heute nicht gut drauf sind und schon beim Frühstück fällt zum ersten Mal die Bemerkung: „Du hast ja heute eine Laune...", was Ihre Gereiztheit nur verstärkt.

Ich kenne viele Menschen, bei denen jetzt noch ein zweites unangenehmes Gefühl dazu kommt. Sie sind nämlich genervt von sich selbst, weil sie gar nicht so negativ und gereizt sein wollen, wie sie es gerade sind und von anderen auch wahrgenommen werden. Das nervt diese Menschen zusätzlich und verstärkt natürlich das allgemeine Unbehagen noch viel mehr.

Komisch, oder? Wenn wir „gut drauf" sind, voller Energie und Lebensfreude, voller Tatendrang und Lebenslust, dann können wir das jederzeit sehr gut akzeptieren und voll auskosten – so wollen wir sein! Hurra! Und natürlich ist es auch gut, diese Phasen in vollen Zügen zu genießen. Halten Sie ewig an? Nein, was für eine blöde Frage, das weiß doch jeder – danke, Sie haben ja Recht.

So ist es allerdings auch nicht unseren schlechten

Launen, die wir nicht so gut ertragen können. Sie sind nur der Gegenpol zu den gerade beschriebenen Gefühlen und dauern auch nicht ewig. Wenn wir gegen sie anarbeiten, anstatt sie zu akzeptieren, dann verstärken wir sie nur.

„Schlecht drauf sein" ist in den meisten Fällen ja nur ein Symptom, das uns zeigt, dass uns gerade etwas fehlt, dass ein Bedürfnis von uns gerade nicht erfüllt wird und sich in Form von negativen Gefühlen meldet. Das ist im Leben völlig normal, unvermeidlich und erlebt jeder von uns. Es ist also wesentlich sinnvoller die Energie nicht darauf zu fokussieren, dass wir so eigentlich nicht sein wollen und gegen die schlechte Laune anzukämpfen, sondern diese Energie vielmehr in die Lösungssuche zu investieren, was mir gerade fehlt. Welches meiner Bedürfnisse wird gerade nicht erfüllt und meldet sich jetzt? Was ist das ganz konkret für ein Gefühl, das ich da gerade empfinde? Ist es vielleicht Wut, Müdigkeit, Traurigkeit oder etwas ganz anderes? So ist Ihre Energie viel besser investiert! Wenn Sie die Ursachen gefunden haben, können Sie Abhilfe schaffen. Also gilt auch bei „schlechten" Launen und Gefühlen zunächst: Akzeptiere sie, kämpfe nicht dagegen an! Dann suche die Ursachen und schaffe Abhilfe. Natürlich sind die Stimmungshochs leichter anzunehmen, aber dass es leicht ist, habe ich auch nicht gesagt.

Nur nebenbei bemerkt: Falls Sie dafür etwas Zeit brauchen, sagen Sie einen Termin lieber ab, bevor er durch Ihre Stimmung misslingt. Und Offenheit anderen Menschen gegenüber ist oftmals auch sehr hilfreich: „Ich bin heute nicht gut drauf, aber ich suche schon nach Ursache und Lösung!" Ist das nicht auch für Ihr Umfeld ein viel besserer Zustand, als wenn Sie scheinbar grund- und anlasslos schlecht gelaunt sind? Sie dürfen es sich erlauben, dass es auch diese Tage gibt.

Wann waren Sie das letzte Mal „schlecht drauf"?

Wie sind Sie damit umgegangen?

Was ist an diesem Tag „schiefgelaufen"?

Wie viele Menschen haben Sie auf Ihre schlechte Laune angesprochen?

Wie hätten Sie diesen Tag auch anders gestalten können?

Haben Sie die Ursache gefunden?

Freiraum für Ihre Gedanken

26 Offline

Auf der Welt gibt es nichts, was sich nicht ändert,
nichts bleibt ewig so, wie es einst war.

Zhuangzi

In der vergangenen Woche begegnete mir ein Post in den sozialen Medien, der alle Leser um ein Like bat, die ihre Kindheit noch ohne Handy und Laptop verbracht haben. Da war ich natürlich voll dabei und klickte sehr spontan auf „gefällt mir".

Meine Gedanken schweiften ab – wie war das noch in meiner Jugend? Wir waren draußen, fuhren mit den Fahrrädern durch die Gegend, kickten auf dem Bolzplatz oder saßen irgendwo rum und quatschten. Es gab eigentlich keinen Tag ohne Sport, ob beim Tischtennis im Verein, mit Freunden auf dem Basketballfeld oder als einsamer Fußballschiedsrichter bei der Laufeinheit im Wald. Medienkonsum war als Thema schlicht nicht existent, denn meist waren wir abends dann auch zu müde oder es war zu spät, um Fernsehen zu schauen. Bewegungsmangel und Übergewicht waren Fremdwörter.

Die nächste Phase, die ich erinnere, ist die der ersten mobilen Telefone und das schreibe ich ganz bewusst so. Der Makler, von dem ich mit meiner Frau 1994 in Rostock unsere erste Eigentumswohnung kaufte, hatte so ein mobiles C-Netz-Telefon. Es war ein schwerer eckiger Kasten mit einem Hörer darauf und einem Schultergurt, damit man es gut tragen konnte. Wenn man Glück hatte und gerade ein Netz verfügbar war, konnte man damit telefonieren und sonst konnte es... nichts! Bald darauf gab es die nächsten Varianten als Autotelefon und wenn wir ein Auto mit einer zweiten, meist sehr langen, Antenne erblickten, späten wir hinein und waren von dem Autotelefon fasziniert.

Nur 30 Jahre später sieht unsere Welt vollkommen anders aus. Mit modernen Handys kann man alles und mit etwas Glück sogar noch telefonieren. Wir sind eigentlich immer online, Nachrichten und Wissen sind immer und überall unbegrenzt verfügbar. Wir sitzen ständig vor den Bildschirmen oder starren auf unser Handy, Bewegung hat dramatisch abgenommen, Übergewicht ist omnipräsent, denn aktuellen Untersuchungen zu Folge sind 67% der deutschen Männer und 53% der deutschen Frauen übergewichtig. Für Kinder habe ich leider keine Zahlen, doch ich fürchte, wir würden auch bei diesen alle erschrecken.

Ich kenne Menschen, die haben schlicht vergessen, dass ein Mobiltelefon eine Ausschalttaste hat. Nicht selten berichten meine Klienten von regelrechten Entzugserscheinungen wie z.B. Gereiztheit oder Aggressivität, wenn sie über gewisse, oft sehr kurze Zeiträume nicht online waren.

Früher war es ein großer Luxus, ein mobiles Telefon zu haben. Was ist heute ein großer Luxus? Ich glaube, es ist eine Zeit, in der wir einfach mal „offline" sind. Keine News, keine Mails, kein Telefonanruf, der uns überall auf der Welt erreicht, keine Videos, keine Reels und vor allem keine meist so besonders inhaltsvollen Fotos von unserem Essen.

So einen Tag haben Sie noch nie erlebt? Dann wird es Zeit dafür! Einfach mal aufstehen, keine elektronischen Geräte einschalten, sondern einfach sein: im Gespräch mit Familie oder Freunden, versunken in den eigenen Gedanken, im Erleben der Umwelt mit allen Sinnen, beim Spaziergang in der Natur, beim Duft des frischen Kaffees auf der Terrasse oder dem Balkon. 24 Stunden offline und ohne alle elektronischen Medien – Luxus pur!

Hilfe, Mario ist verrückt geworden? Nein, das glaube ich nicht, probieren Sie aus und gönnen Sie sich dieses wunderbare Luxusgut. Es ist sogar kostenfrei, aber ganz sicher nicht umsonst.

Freiraum für Ihre Gedanken

27 Verhaltensänderung

Veränderung ist die Essenz des Lebens:
Sei bereit, aufzugeben, was Du bist, für das,
was Du sein könntest.
Reinhold Niebuhr

„Vielen Dank für das klare Feedback, dass ich gerade wieder voll ins alte Verhaltensmuster verfallen bin.", sagte eine Teilnehmerin in dieser Woche in einer Seminarpause zu mir.

Bitte gerne, das ist sozusagen im Preis inbegriffen, schmunzelte ich in mich hinein.

Ich war gerade dabei mit einem ihrer Kollegen an einem Beispiel aus dem Alltag der Gruppe eine Gesprächstechnik vorzumachen. Plötzlich konnte die Kollegin nicht mehr an sich halten und mischte sich ein. Sie müsse jetzt mal kurz inhaltlich werden, auch wenn das hier nur als Beispiel für die Anwendung der Technik gedacht sei. Die Umsetzung des Themas gehe nicht schnell genug, so könne es nicht weitergehen, man müsse doch jetzt... und so weiter. Ich bedankte mich für die klaren Ansagen, aber nicht ohne den Hinweis, dass ich in etwa 10 Minuten mit ihrem Kollegen auch an genau diesen Punkt gekommen wäre, nur eben auf eine andere Art: weniger „Ansage", mehr Selbsterkenntnis.

Für unser Seminar war es klasse, dass sich diese Episode genau so zugetragen hat. Sie machte nämlich im Seminar schon einmal deutlich, was in den kommenden Wochen und Monaten auch im Arbeitsalltag immer wieder passieren wird. Verhaltensänderung erreichen wir niemals durch „Schalter umlegen". Es ist normal, dass wir etwas Neues ausprobieren und dabei trotzdem immer mal wieder in die alten Verhaltensweisen zurückfallen, auch wenn wir das eigentlich gar nicht wollen. Dieser Rückfall ist kein kognitiver Prozess, „es" passiert sozusagen einfach. Das alte Verhalten ist durch stabile Bahnungen im Gehirn meist sehr gut untermauert und diese Bahnungen aktivieren sich mehr oder weniger automatisch. Erst langsam werden im Gehirn neue Bahnungen angelegt und die alten irgendwann durch diese neuen ersetzt. Ein Hirnforscher erklärte mir einmal, dass im Schnitt ein neues Verhalten vierzig Mal erfolgreich umgesetzt werden muss, bis die neue Bahnung stabiler ist als die alte, wir also nicht mehr automatisch und ungewollt in altes Verhalten zurückfallen. Na, wenn das so ist, kann ich diesen „Rückfall" im Seminar doch aller bestens verzeihen, denn wir stehen ja gerade noch bei der ersten neuen Ausführung des zu lernenden Verhaltens.

Ich erlebe es oft, dass Menschen sich wünschen, dass Veränderungen im Allgemeinen und ganz besonders Verhaltensänderungen doch schneller von statten gehen mögen. Das ist ein so nachvollziehbarer und menschlicher Wunsch, gerade in unserer schnelllebigen Zeit. Es bleibt aber ein Wunsch. In der Realität geht die Umsetzung immer nur in kleinen Schritten voran, meist sogar im Modus: zwei Schritte vor und einen wieder zurück. Wir sind halt Menschen und keine Maschinen, bei denen man Hebel umlegen kann.

Seien Sie also nachsichtig mit sich: Sie brauchen Geduld und müssen sich Fehler und Rückschläge verzeihen, dass ist Teil eines jeden Prozesses von Verhaltensänderung. Aber es ist auch sehr erleichternd: Sie dürfen Fehler machen, das gehört dazu – Sie müssen nicht perfekt sein, Perfektion ist in Sachen menschlichen Verhaltens meist eh gar nicht erreichbar und auch gar nicht sinnvoll.

Wann haben Sie sich zuletzt eine Verhaltensänderung vorgenommen und sind doch „voll" ins alte Verhalten zurückgefallen?

Wer oder was hat Sie darin erinnert, dass Sie es doch anders machen wollten?

Welche Gedächtnisstützen können Sie verwenden, um Rückfälle ins alte Verhalten zu minimieren? Wenn Sie sich nämlich bewusst daran erinnern (kognitiver Prozess), dass Sie es ja anders machen wollen, dann passiert „es" nicht mehr „einfach so" – Sie tricksen Ihr Unterbewusstsein also aus.

Viel Erfolg wünsche ich Ihnen bei allen Verhaltensänderungen, die noch vor Ihnen liegen und denken Sie daran: Sie müssen nicht perfekt sein!

Freiraum für Ihre Gedanken

28 Herrscher der Lüfte

Wenn man mit offenen Augen und offener Seele durch die Natur geht, Krach vermeidet und sich aufmerksam und respektvoll auf dieses Wunderwerk aus Beziehungen, Geflechten, Symbiosen und Abhängigkeiten einlässt, kann man so viel von Mutter Natur vernehmen.

Sandra Jung, Falknerin

In der warmen Jahreszeit gehört Radfahren zu meinem Tagesprogramm, wobei ich meist die gleiche Strecke fahre. Ein langes Teilstück davon führt mich auf einem Uferweg an unserem wunderbaren Großen Segeberger See entlang durch den Wald. Es sind ca. drei Kilometer pure Natur und es begegnen mir meist zahlreiche Menschen: Läufer, Spaziergänger und andere Radfahrer.

So weit, so gut – wenn ich allerdings mal die Hundebesitzerinnen und Hundebesitzer ausnehme, dann fällt bei mehr als der Hälfte der Menschen auf, dass Sie sich zwar in der Natur befinden, aber ihre Aufmerksamkeit nicht auf die Natur richten:

➢ Zahlreiche Menschen haben Kopfhörer auf oder in den Ohren und sind offenbar in die Musik vertieft oder hören Podcasts.

➢ Andere telefonieren entweder mit dem Handy am Ohr oder sehr oft mit dem Handy in der Hand und auf Lausprecher lauthals so, dass ich beim Vorbeifahren auch noch mithören muss.

➢ Manche treiben es sogar auf die Spitze und spazieren zwar am See entlang, sind auf dem Handy aber sogar in einer Videokonferenz und somit sogar visuell und auditiv von ihrer Umgebung abwesend.

Ich will das gar nicht kritisieren, jeder kann tun, was er möchte, aber ich muss doch oft für mich den Kopf schütteln, denn jedenfalls der Effekt, den Sandra Jung in ihrem sehr lesenswerten Buch beschreibt, tritt so nicht ein.

Dabei ist die Natur in so vielfältiger Weise ein wunderbarer Lehrmeister und bietet so viele Gelegenheiten von ihr zu lernen oder auch nur innezuhalten und zu staunen. Im Coaching hat sich in den letzten Jahren ein ganzer Zweig entwickelt, der sich „Naturcoaching" nennt und bei dem sich meine Kolleginnen und Kollegen mit ihren Klientinnen und Klienten in unterschiedlichster Form draußen in der Natur bewegen, um die Natur als Coachinginstrument zu nutzen. Schon von Milton Erickson, dem Begründer der modernen Hypnose als Heilmittel ist bekannt, dass er immer wieder die Natur in vielfältiger Art und Weise in seine Arbeit einbezogen hat. Sein Schüler, Dr. Gunther Schmidt, vielleicht der bekannteste Hypnotherapeut in Deutschland, von dem auch ich gelernt habe, erzählt sehr gerne die Geschichte, dass ihn Erickson einst in einen Park schickte, um sich dort Gurken anzusehen, anstatt ihn -wie von ihm gewünscht- in eine Trance zu versetzen.

Doch selbst wenn Sie die Natur vielleicht gar nicht als Lehrmeisterin, sondern nur zur Entspannung nutzen wollen, kann ich Ihnen nur empfehlen, dies mit allen Sinnen zu tun. Das aber geht nur, wenn technische Geräte, gleich welcher Art, ausgeschaltet sind, Sie Ihre volle Aufmerksamkeit der Natur widmen und alle fünf Wahrnehmungskanäle, die uns zur Verfügung stehen, für sie öffnen.

Sehen Sie sich um, welche spektakulären Dinge um Sie herum zu entdecken sind. Hören Sie die Geräusche der Umgebung, vielleicht das Zwitschern der Vögel, das

Rauschen der Wellen oder des Laubes. Riechen Sie die Düfte , z.B. der Blumen und schmecken Sie z.B. das Salz in der Luft am Meer oder was auch immer in Ihrer Umgebung wahrnehmbar ist. Und schließlich spüren Sie den Wind auf Ihrer Haut, den Regen oder die Wärme der Sonnenstrahlen. Jetzt sind Sie bereit, die Natur ganz zu genießen und von ihr zu lernen.

Machen Sie mit mir ein kleines Experiment, denn wie Sie vielleicht wissen, kann alles, was schon einmal erlebt wurde, reaktiviert werden. Also:

Schließen Sie die Augen und erinnern Sie sich an den letzten Moment, den Sie ganz im Einklang mit der Natur verbracht haben. Gehen Sie in Gedanken wieder an diesen Ort und sehen Sie sich selbst, wie Sie sich dort bewegen. Erinnern Sie die Umwelt, die Geräusche, was Sie gerochen, geschmeckt oder gespürt haben. Werden Sie noch einmal ganz eins mit dieser Situation, verschmelzen Sie noch einmal mit der Natur. Bleiben Sie in Gedanken für eine Weile in dieser Situation und genießen Sie. Und wenn Ihnen schließlich danach ist, öffnen Sie die Augen wieder und kehren Sie in die Gegenwart zurück.

*** *Pause für die Umsetzung Ihres Experimentes* ***

Und, war es schön? Das hoffe doch sehr!

Also, wann haben Sie vor, sich das nächste Mal ganz technikfrei auf die Natur einzulassen?
Wo wollen Sie dafür hingehen?

Viel Freude wünsche ich Ihnen dabei!

Und wenn Sie zufällig in Thüringen leben und den Blick gegen Himmel richten, dann haben Sie ja vielleicht Glück und sehen am Himmel einen von Sandras wunderbaren Herrschern der Lüfte der kreisen!

Freiraum für Ihre Gedanken

29 Möge die Macht mit Dir sein

Der Wunder größtes ist, dass es kein Wunder gibt.
Albert Einstein

Luuuuke - möge die Macht mit Dir sein!

Diesen Spruch kennen die meisten von Ihnen, liebe Leserinnen und Leser, genau wie ich wahrscheinlich aus der Star Wars Trilogie als die Macht mit Luke Skywalker war, um seinen Kampf gegen das Böse zu unterstützen.

In diesem ersten Halbjahr 2024 gibt es einen neuen Luke, mit dem die Macht scheinbar unterwegs ist und der gerade den Dartssport von einer neuen Erkenntnis zur nächsten bewegt: Luke Littler. Der 17jährige Engländer ist in aller Munde und eilt auf der Welle des Erfolges von Sieg zu Sieg.

Doch starten wir bei der Weltmeisterschaft des Jahres 2024, also im Dezember 2023 und dem Finale am 3.Januar 2024: Luke Littler, damals 16 Jahre alt, erreichte sensationell das WM-Finale und verlor dort gegen einen anderen Luke: Luke Humphries, der bereits das ganze zweite Halbjahr 2023 dominiert hatte. Doch im Gespräch ist plötzlich mehr oder weniger nur noch Luke Littler.

Die Experten kannten Littler schon einige Zeit und immer wieder wurde gemutmaßt, dass da ein Supertalent heranwächst, möglicherweise in einem nie dagewesenen Ausmaß. Luke Littler wird nach seinem Vizeweltmeistertitel für das erste große Turnier des neuen Jahres in Bahrain nominiert. Es ist ein Einladungsturnier, dass er sofort gewinnt und bei seinem Sieg auch das perfekte Spiel im Darts, den 9-Darter, spielt. Ein 9-Darter wird im Darts nur sehr selten gespielt, mehr als vier 9-Darter in einer Saison sind noch nie einem Spieler gelungen.

Kurz darauf findet das erste Players Championship Turnier, also ein kleines Tagesturnier mit den 128 PDC-Profis ohne Kameras statt, welches Luke Littler ebenfalls gewinnt. Auch hier spielt er einen 9-Darter. Wenig später gewinnt Luke Littler sein erstes Turnier auf der European Tour und spielt auch in diesem Turnier einen 9-Darter. Und schließlich gewinnt er auch die Premier League Darts 2024, das Einladungsturnier für die acht besten Dartsspieler der Welt, welches jedes Jahr über 17 Wochen ausgetragen wird. Sie ahnen es schon, liebe Leserinnen und Leser: Im Finale spielt Luke Littler auch hier einen 9-Darter. Es ist bereits sein vierter in dieser Saison, welche in diesem Mai 2024 noch nicht einmal zur Hälfte gespielt ist.

Was ist los, dass Luke Littler die Darts Welt so aufmischt? Das ist schwer zu sagen, aber wir stellen jedenfalls fest, dass der inzwischen 17-Jährige irgendwie eine Art Wunderkind zu sein scheint. Weltberühmt sind inzwischen die von ihm selbst geposteten Videos, in denen er mit drei Jahren, noch mit der Windel am Po, die ersten Dartspfeile wirft. Wenig später ahmt er schon sein Vorbild, Raymond von Barnefeld, einen siebenfachen Weltmeister, in dessen Jubelposen zu Hause nach.

Er wird schnell besser, gewinnt die ersten Turniere, spielt in den Jugend- und Juniorenklassen der PDC (Professional Darts Cooperation, Vereinigung der Profi-Dartsspieler) und vereint schließlich im Jahr 2023 die Weltmeistertitel der Jugend und der Junioren (bis 23 Jahre) im Alter von 16 Jahren auf sich. Es war kurz davor und er hätte auch den Senioren-Weltmeistertitel gewonnen.

Was macht Luke Littler so besonders? Zum einen die Qualität seines Spiels: Er spielt außergewöhnlich viele 100plus Averages, wie Dartsspieler es nennen, wenn mit drei Pfeilen mehr als 100 Punkte im Durchschnitt erzielt werden. Das gilt als die Marke zur absoluten Weltklasse und selbst die Top Stars werfen das nicht immer. Luke Littler wirft sehr, sehr viele davon. Er spielt aber auch vollkommen neue Wege, insbesondere wenn es darum geht, die letzten Punkte eines Legs auf null zu spielen, was ja das Ziel im Dartssport ist: die Null genau zu errei-chen. Die vielen eingefahrenen Wege, die zum Teil seit Jahrzehnten gespielt werden, ignoriert er. Er spielt ei-gene neue Wege, die vorher noch nie jemand gespielt hat. Das wird ihm teils als große Arroganz ausgelegt und er ist schon mit einzelnen Spielern aneinandergeraten. Insbesondere der deutsche Ricardo Pietreczko, selbst dafür bekannt, ungewöhnliche Wege zu spielen, rauschte einmal nach einer ernüchternden Niederlage auf der Bühne mit ihm zusammen, was für Pietreczko im Nach-hinein sehr peinlich war.

Es wirkt, als könnte Littler sich unglaublich gut fokussie-ren. Er spielt, wie man so sagt, nur das Board. Er denkt nicht darüber nach, wer sein Gegner ist, er hat keinen Respekt vor großen Namen. Er denkt auch nicht darüber nach, was auf dem Spiel steht, denkt nicht an das zum Teil viele Geld, das er gewinnen könnte. Der Sieg im Pre-mier League Finale brachte immerhin 275.000 Pfund, aber es scheint, als könne er das alles ausblenden. Es scheint auch so, als würde er nicht von morgens bis abends am Trainingsboard stehen, jedenfalls sagt er das immer wieder. Dass er beispielsweise zwischen dem WM-Finale und dem Turnier in Bahrain Mitte Januar gar nicht trainiert habe, kann man ihm glauben. Während andere Spieler in jeder freien Minute zwischen ihren Spielen im Verlauf eines Turniers am Trainingsboard stehen, ist Luke Littler dafür bekannt, auf seinem Handy FIFA zu zocken und sich abzulenken. Das scheint gut zu funktionieren, denn sobald er die Bühne wieder betritt, ist er erneut voll auf Darts fokussiert.

Eine gewisse Unbeschwertheit geht mit dem 17-Jährigen einher, der noch nicht einmal einen Führerschein hat, weil er dafür zu jung ist. Ist es die jugendliche Unbekümmertheit, die ihn so erfolgreich macht? Ist es die Fähigkeit, neue Wege zu gehen und sich auf Dinge einzulassen, die vorher noch nie gespielt worden sind? Oder ist es seine Fähigkeit, sich voll zu fokussieren, sich nur auf den nächsten Pfeil zu konzentrieren und alles andere auszublenden?

Es ist schwer zu sagen und wir werden auf seinem Weg sicher noch erleben, wie es mit ihm weitergeht und was die wirklichen Erfolgsfaktoren sind. Im Moment jedoch staunen alle, die den Dartssport verfolgen, über die unglaubliche Abgebrühtheit eines 17-Jährigen, der die Welt in Atem hält und uns alle staunen lässt: Luke Littler - dieser Name lässt aufhorchen und wenn wir uns vergegenwärtigen, dass viele Dartsspieler noch mit über 50 auf Weltklasseniveau spielen, dann steht hier jemand möglicherweise am Anfang einer ganz großen Karriere, die viele Jahrzehnte dauern könnte.

Für diesen Impuls möchte ich nun Ihren Blick darauf lenken, was Sie vielleicht von Luke Littler für Ihren ganz persönlichen Erfolg lernen können. Ich fasse dafür nochmal die aus meiner Sicht zumindest im Moment ersichtlichen drei Kernerfolgsfaktoren zusammen:

1. Littler ist in der Lage, sich während eines Spiels total zu fokussieren, ohne jede freie Minute

zwischen den Spielen oder außerhalb eines Darts-Turniers auch mit Darts zu verbringen. Er kann sich gut ablenken und zum richtigen Zeitpunkt voll konzentrieren.

2. Er spielt nicht den Gegner, er spielt nur das Board. Er fokussiert nur die Wurfziele auf dem Dartsboard und denkt nicht darüber nach gegen wen er gerade spielt. „Spiele das Board und nicht den Gegner", ist eine der ältesten Erfolgsweisheiten im Darts. Das hat Luke Littler perfektioniert.

3. Er kann offenbar alles ausblenden, was rund um ihn herum passiert: den Erfolgshype, das viele Geld, die zahllosen Öffentlichkeitstermine (Luke Littler, war seit der WM 2024 in jeder großen englischen Talkshow präsent!), all das kann er ausblenden. Er fokussiert sich auf seinen Sport und auf sich selbst, das macht ihn zumindest im Moment so erfolgreich und es wird sehr interessant sein, seinen Weg weiter zu verfolgen.

Nun, liebe Leserinnen und Leser, also zu Ihnen.

Wie gut können Sie sich fokussieren, nur auf Ihre aktuelle Aufgabe konzentrieren und alles andere ausblenden?

Wie gut gelingt es Ihnen, sich darauf zu konzentrieren, während der Arbeit ganz in der Arbeit präsent zu sein, darüber hinaus aber auch abzuschalten und die Akkus mit anderen Dingen wieder aufzuladen?

Wie weit machen Sie sich Gedanken über Dritte, die gar nicht erfolgsrelevant sind, weil der Erfolg nur von Ihnen abhängt?

Das Wunderkind Luke Littler lässt uns alle aufhorchen und wirft viele interessante Fragen auf. Viel

Spaß wünsche ich Ihnen bei Ihren eigenen Überlegungen.

Freiraum für Ihre Gedanken

30 Try again

Ich habe so viel aus meinen Fehlern gelernt,
dass ich darüber nachdenke, noch mehr zu machen.
Kalenderspruch

Fehler machen ist im Leben unvermeidlich. Wenn es einen Spruch gibt, bei dem sich alle einig sind, dass er wahr ist, dann ist es: „Nobody is perfect!"

Wenn das so ist, dann müsste der Umgang mit Fehlern doch ganz einfach sein, denn was unvermeidlich ist, gehört im Leben doch einfach dazu. Und was im Leben einfach dazu gehört, ist leicht zu akzeptieren, so sollte man jedenfalls meinen.

Warum ist dann das Thema „Fehlerkultur" immer wieder in aller Munde? Warum ist Deutschland geradezu dafür berüchtigt, bei Fehlern vor allem nach Schuldigen zu suchen, anstatt nach Lösungen und Lernerfolgen? Ganz so einfach scheint die Akzeptanz von Fehlern also doch nicht zu sein.

Ich finde, es ist immer ein großer Unterschied, ob ich aus meiner ganz persönlichen Perspektive auf meine Fehler schaue oder ob man als Organisation und aus dem Blickwinkel der Funktionsfähigkeit einer Organisation auf Fehler schaut. In Organisationen müssen Fehler weitgehend vermieden werden, denn sonst funktionieren sie nicht, können ihre Aufgaben nicht erfüllen oder verursachen sogar gravierende Schäden. Denken Sie z.B. an Flughäfen, bei denen wir uns alle wünschen, dass die Fluglotsen im Tower fehlerfrei arbeiten. Oder das medizinische Team im Operationssaal, bei dem wir auch hoffen, dass alle perfekt (zusammen) arbeiten.

Ich möchte in diesem Impuls mit Ihnen auf die persönlichen Aspekte des Fehlermachens schauen. Wie ging es Ihnen, als Sie den ersten Blick auf den Kalenderspruch, der diesem Impuls voransteht, geworfen haben? Haben Sie vielleicht gedacht, „was für ein Quatsch" oder doch eher „großartig, genauso mache ich es auch"?

Wenn jemand sehr unnachgiebig mit sich selbst ist, sich keine Fehler verzeiht und deshalb auch sehr viel Kraft investiert, um Fehler zu vermeiden, dann ist das oft sehr anstrengend und kostet viel Energie. In manchen Situationen ist das sicher richtig, aber ein so ausgerichteter genereller Lebensmodus ist ein purer Energieräuber. Natürlich haben wir das mitunter gar nicht in der Hand, denn viele Persönlichkeitsanteile von uns werden früh in der Kindheit und Jugend geprägt und wenn in dieser Zeit unser „Perfektionist" stark „gefördert" wurde, dann ist Fehler machen natürlich schwer zu akzeptieren.

Ich kenne viele Menschen, die ihr Leben eher nach dem Motto „einfach ausprobieren" bzw. „ist schiefgegangen, nächstes Mal besser" leben. Diese Menschen strahlen meist viel mehr Leichtigkeit aus und können Fehler sehr gut akzeptieren und aus ihnen lernen. Um nicht falsch verstanden zu werden, diesen Menschen sind Fehler keinesfalls egal und sie nehmen sie auch nicht leichtfertig in Kauf, aber sie leben eher im „Try and error-Modus" und können Fehler als Lernchancen sehr gut akzeptieren. Diese Variante kostet wesentlich weniger Energie und macht das Leben leichter.

Ich glaube, dass eine Kernkompetenz auch darin liegt, sein Verhalten gut variieren und situationsgerecht steuern zu können. Bei wichtigen beruflichen Fragestellungen z.B. macht es Sinn, sich selbst eine geringere Fehlertoleranz zuzugestehen, sich intensiver vorzubereiten und sich zu bemühen, möglichst fehlerfrei zu arbeiten. Bei vielen alltäglichen Dingen aber ist dieser Modus viel zu anstrengend, zu kraftraubend und zu zeitintensiv. Mehr

Fehlertoleranz ist absolut hilfreich und vor allem auch lehrreich. Oder möchten Sie nicht mehr dazu lernen? Das wäre sehr schade.

Fazit dieser kurzen Gedanken ist einmal mehr, dass wir es selbst in der Hand haben, wie wir auf Fehler schauen: Weltuntergangsstimmung mit einem Körper voll negativer Hormone oder let's try again next time! Suchen Sie es sich aus!

Aus welchem Fehler im Leben haben Sie bisher am meisten gelernt?

Wäre es überhaupt hilfreich, diesen Fehler im Leben nicht gemacht zu haben?

Bei welchen Dingen, ist es wichtig, dass Sie Fehler möglichst vermeiden, weil die mit den Fehlern verbundenen negativen Auswirkungen sehr groß sind?

Bei welchen Dingen könnten Sie sich mehr Lockerheit und Entspanntheit gönnen und den ein oder anderen Fehler gerne als Lernchance in Ihr Leben einladen?

Und wenn jetzt eine innere Stimme immer noch zetert, dass Fehler einfach nicht sein dürfen, dann noch ein Geheimtipp: Fangen Sie an, Darts zu spielen. Sie werden sehr schnell lernen, Fehler als unumgänglichen Bestandteil des Spiels (bzw. des Lebens) zu akzeptieren.

Freiraum für Ihre Gedanken

31 Basketball

Wer neue Antworten will, muss neue Fragen stellen.
Peter Ustinov

„Du warst wo?", fragte mein Freund erstaunt.

„Beim Basketball Länderspiel in Hamburg", das hatte ich im Satz vorher auch schon gesagt, aber ich konnte gut verstehen, dass mein Freund so reagierte. Mit Basketball habe ich in meinem Leben bislang nicht viel zu tun gehabt, abgesehen von einem halben Jahr, in dem ich als kleiner Junge die Sportart ausprobiert habe, um festzustellen, dass sie für mich nicht passt.

„Wie kommst Du dazu?", fragte mein Freund nach und die Geschichte ist schnell erzählt. Es war einfach der Reiz, mal eine Sportart live zu erleben, die ich noch nie live erlebt hatte. Mein Sportlerleben hat sich weitgehend im Tischtennis und vor allem im Fußball abgespielt, denn ich war viele Jahre aktiver Fußballschiedsrichter.

Die Idee, mal ein Basketballspiel zu besuchen, entstand schon vor ein paar Jahren als mein Sohn während seines Studiums nur 100 Meter von der Halle der Ludwigsburger Riesen entfernt wohnte. Leider haben wir es in den drei Studienjahren nicht geschafft. Ich war einfach zu selten vor Ort. Doch nun war es so weit und wir waren gemeinsam beim Olympia Vorbereitungsspiel Deutschland gegen die Niederlande in der Hamburger Arena vor 10.700 Zuschauern.

Wenn man von einer Sportart keine vertieften Kenntnisse hat (um ehrlich zu sein, kannte ich bis auf ein bis zwei Ausnahmen nicht mal die Namen der Spieler), dann schaut man sehr unbefangen in die Runde, weil alles erstmal neu und interessant ist. Was läuft ab, wie bei Sportarten, die Du schon kennst? Was ist ganz anders? Wie ist das Publikum? Wie verhalten sich Spieler und Trainer? Und als ehemaliger Schiedsrichter schaut man natürlich auch, was machen eigentlich in diesem Sport die Referees?

Dazu nur eine Anekdote: Ein Franzose, ein Portugiese und ein Türke leiteten das Spiel Deutschland gegen die Niederlande – wie großartig ist das denn!!

Bin ich nun Basketballfan? Nein, das sicher nicht, der Funke ist nicht übergesprungen. Dafür war vielleicht auch das Spiel zu einseitig, denn Deutschland dominierte von Beginn an klar und gewann schließlich mit 95:50 Punkten. Spannung kam also leider zu keiner Zeit auf.

War es ein schönes Erlebnis? Unbedingt und ich habe ganz viele neue Eindrücke gewonnen, interessante Erfahrungen mitgenommen, spannende Vergleiche zu anderen Sportarten ziehen können und nicht zuletzt einen schönen Abend mit meinem Sohn verbracht, was ohnehin schon fast das Wichtigste von allem ist. Vielleicht werden wir bei passender Gelegenheit nochmal ein Bundesligaspiel besuchen, was sicher eine andere Atmosphäre bietet und somit eine weitere Erfahrung wert ist.

Jetzt geht's für Deutschland bald erstmal um eine olympische Medaille und da darf man sehr gespannt sein. Daumen drücken ist also angesagt.

Wobei könnten Sie mal eine neue Erfahrung machen und neue Eindrücke sammeln (und das muss natürlich kein Sportereignis sein)?

Wo wollten Sie immer schon mal dabei sein, aber bislang hat es leider nie funktioniert?

Welches Ereignis haben Sie zuletzt besucht, obwohl Ihr bester Freund oder Ihre beste Freundin erstaunt fragen würde: „Du warst wo?"

Was war die wichtigste Erkenntnis, die Sie bei diesem Besuch gewonnen haben?

Freiraum für Ihre Gedanken

32 Olympische Momente

Gedanken sind Vorschläge.
Dr. Gunther Schmidt

In meinen inzwischen 15 Jahren, die ich als Coach arbeite, kommen immer wieder Menschen zu mir, weil sie gerade „ein Problem haben", welches sie allein nicht lösen können. Sehr oft ergibt sich schon in den ersten Schilderungen der Klienten eine Situation, in der sie sich als ausgeliefertes Opfer erleben und andere an ihrer Situation schuld sind. Damit ist für mich auch klar, wo ich die ersten Interventionen anzusetzen habe.

Unser Erleben ist immer geprägt durch unsere persönliche Bewertung einer Situation. Wir sind niemals ein ausgeliefertes Opfer, dessen Erleben fremdbestimmt ist. Die wesentlichen Forschungen dazu gehen auf den Biologen Maturana zurück, der den Begriff der Autopoese geprägt hat. Leben bzw. Erleben ist also ein selbstorganisierter Prozess. Diese Überlegungen liegen auch den hypnosystemischen Konzepten, wie sie in Deutschland allen voran Dr. Gunther Schmidt aber auch andere entwickelt haben, zu Grunde. Es ist also niemals die Situation, ein Ereignis oder eine andere Person, die für unser Erleben verantwortlich ist, es ist immer unsere Bewertung und unser Umgang mit dieser Situation – wir sind immer selbst für unser Erleben verantwortlich.

Entschuldigung – eine solch eher wissenschaftliche Einleitung sind Sie von mir nicht gewohnt und ich werde auch sofort bildhaft und habe Beispiele für Sie, denn kaum irgendwo kann man diese Selbstbestimmtheit des Erlebens so gut sehen und hören wie bei den Olympischen Spielen.

Hier sind also einige olympische Bespiele aus Paris, wobei ich sehr bewusst auf Namen verzichte, denn es geht hier keinesfalls darum, irgendjemanden anzuprangern oder bloßzustellen - menschlich habe ich für jede Reaktion großes Verständnis. Wir werden aber sehen, wie unterschiedlich bei ähnlichen Erlebnissen die Situationsbewertung das Erleben macht:

1. Eine Schwimmstaffel steht zum Interview bereit, es ist so gut wie sicher, dass sie im Vorlauf ausgeschieden ist. Das große Ziel - olympischer Endlauf - wird ziemlich sicher verpasst. Nach drei eher traurigen Antworten fragt der Interviewer die Schlussschwimmerin, wie Sie diesen Lauf erlebt habe. Die junge Frau bricht sofort in Freudentränen aus und sagt: „Ich bin bei Olympia, das ist so großartig. Ich habe alles aufgesogen. Ich habe mein Bestes gegeben, es war so ein tolles Erlebnis!" Auch so kann man ausscheiden.

2. Eine Schwimmerin erreicht den Endlauf, es ist ein spannendes Rennen, am Ende reicht es ganz knapp nicht für eine olympische Medaille, sie wird vierte. Als sie zum Interview kommt, ist ihr die Enttäuschung anzusehen und sie sagt: „4.Platz, das ist halt die erste Verliererin."

3. Eine Judokämpferin steht im Halbfinale und kämpft damit um die Medaillen. Leider verliert sie sowohl das Halbfinale als auch den Kampf um die Bronzemedaille. Da im Judo zwei Bronzemedaillen vergeben werden, wird sie damit Fünfte. Im Interview sagt sie schließlich unter Tränen: „5.Platz, das ist wohl der blödeste Platz, ich wollte unbedingt eine Medaille."

4. Es ist das Finale über 200 Meter Rücken und als die acht Finalisten anschlagen, wird der Schwimmer in diesem Endlauf trotz persönlicher Bestzeit letzter. Als er zum Interview gebeten wird, strahlt er und sagt: „Ich habe nochmal (persönliche) Bestzeit geschwommen, mehr kann ich nicht wollen."

5. Ein Leichtathlet ist 19. geworden und damit auch hinter seinen eigenen Erwartungen zurückgeblieben. Sichtlich enttäuscht sagt er im Interview: „Ich werde Förderung verlieren, muss also in Zukunft mit weniger auskommen und noch mehr leisten."

6. Eine Schwimmstaffel erreicht als Achte das olympische Finale. Es ist schon klar, dass sie in diesem Finale keine Chance haben wird, um eine olympische Medaille mitzuschwimmen, zu groß ist der Abstand zu den besten Mannschaften. Im Interview sagt einer der Schwimmer: „Ich bin überglücklich, dieses Erlebnis mit den Jungs, wir stehen im olympischen Finale – großartig!"

7. Kajak-Cross Finale der Frauen: Vier Boote fahren um die drei Medaillen und die Kanutin wird vierte. Ein Fehler an einem Tor führt zu einer Strafe, damit hat sie keine Chance mehr. Sie bleibt als einzige in diesem Endlauf ohne Medaille. Wenige Minuten später ist das Finale der Herren und ihr Landsmann macht es besser und gewinnt die Bronzemedaille. Kaum ist er mit seinem Boot in Ufernähe springt die eben noch unterlegene Sportlerin ins Wasser, schwimmt zu ihm und ist die erste Gratulantin, die ihm um den Hals fällt.

Mit diesen Beispielen, die ich noch um viele weitere

ergänzen könnte, möchte ich es bewenden lassen. Ich glaube es wird sehr deutlich, dass es nicht das Ereignis als solches ist, sondern die ganz persönliche Bewertung der Sportlerinnen und Sportler, die das Erleben bestimmt. Und vielleicht ist Ihnen auch aufgefallen, dass überall dort, wo der Fokus auf externer Anerkennung (Medaillen, Förderung, etc.) lag, die Bewertung meist negativer ausgefallen ist, als wenn die persönliche Leistung im Fokus stand.

In meiner Arbeit ist oftmals der Durchbruch erreicht, wenn meine Klientinnen und Klienten verstanden haben, dass Sie selbst für Ihr Erleben verantwortlich sind. Das ist keinesfalls immer leicht, denn oftmals war es viel einfacher, einem Dritten die Schuld an der eigenen Situation zu geben und darauf zu warten, dass dieser sein Verhalten ändert, damit es auch mir besser geht. Nur passierte das oftmals leider nicht, bequem war diese Haltung trotzdem.

Sich aufzuraffen und selbst aktiv zu werden, Gedanken und Bewertungen zu ändern, Verhalten neu auszurichten und Verantwortung für sich zu übernehmen, ist anstrengend und keinesfalls einfach, weshalb ich jedes Mal aufs Neue großen Respekt vor meinen Klientinnen und Klienten habe. Die Ergebnisse überzeugen dabei immer wieder, denn die Geschichten ähneln sich am Ende immer und lassen sich vielleicht in folgender Aussage einer Coachingnehmerin zusammenfassen:

„Seit ich kein ausgeliefertes Opfer mehr bin, sondern die Dinge aktiv selbst gestalte, geht es mir viel besser, selbst wenn nicht jeder Tag nur aus Glücksgefühlen besteht."

Damit wird auch klar, dass es weiterhin negative Gefühle wie Trauer, Wut oder Ärger geben wird. Diese Gefühle sind auch wichtig und gehören zum Leben dazu, die Frage ist nur, ob wir zulassen, dass sie uns dauerhaft beherrschen oder nicht. Es geht nicht um „alle Tage Sonnenschein", aber um das Bewusstsein, dass wir niemals ausgeliefert und hilflos sind.

Sie, liebe Leserinnen und Leser, haben also die Wahl, wie Sie Ihr Erleben gestalten möchten – Sie erzeugen es selbst – Autopoese eben.

Welche der olympischen Geschichten in diesem Beitrag möchten Sie als Ihr Beispiel wählen?

Wann hatten Sie zum letzten Mal das Gefühl ausgeliefert und hilflos zu sein? Wie sind Sie dieser Situation entkommen?

Welche Geschichte würden Sie mir erzählen, wenn ich nach einem Erlebnis fragen würde, dass sich wie eine Niederlage anfühlte, Sie aber großartig gemeistert haben?

Welche Situation steht Ihnen vielleicht in naher Zukunft bevor, bei der Sie sich schon im Vorfeld klar machen könnten, wie sehr Ihr Erleben dieser Situation von Ihrer Bewertung abhängen wird?

Freiraum für Ihre Gedanken

33 Mach Dich glücklich

Man sollte viel mehr Zeit mit Glücklichsein verbringen.
Kalenderspruch

Als ich den obigen Kalenderspruch auf meinem Tageskalender las, wusste ich sofort, dass er der Aufhänger für
einen Selbstreflexionsimpuls werden würde.

Schön häufiger habe ich mich in diesem Buch mit dem
Glück und der Glücksforschung beschäftigt. Glücklich
sein, das wünschen wir uns doch alle und haben es nicht
auch alle Menschen verdient, glücklich zu sein?

„Aber wie soll ich einfach so glücklich sein?", ruft jetzt
vielleicht eine innere Stimme in Ihnen und aktiviert eine
innere Abwehrhaltung, weil das mit dem Glücklichsein
doch nicht so einfach ist.

Ich rufe nur mal kurz in Erinnerung, dass Glück ja niemals ein Dauerzustand ist, sondern immer nur ein ver-
gänglicher Moment – mal länger mal kürzer. Wäre dem
nicht so, dann gäbe es gar kein Glücklichsein, denn es
gäbe ja auch das Gegenteil nicht und wenn Ihr Erleben
immer gleich wäre, wie sollten Sie dann feststellen, dass
Sie glücklich sind?

Ich behaupte, wenn Sie sich auf das „kleine Glück", also
den Moment des Glücklichseins fokussieren, dann können Sie jederzeit glücklich sein. Glauben Sie nicht? Na
gut, ich erkläre es Ihnen an mir als Beispiel.

Auf meinem Schreibtisch steht ein Foto, dass mich lächelnd auf dem Sonnendeck eines Kreuzfahrtschiffes
zeigt. Die Sonne scheint und um mich herum ist nur das
Meer. Das Foto ist viele Jahre alt, um genau zu sein,

entstand es 2017. Es ist der letzte Moment in meinem Leben, den ich erinnern kann, an dem ich mich vollkommen frei und unbeschwert gefühlt habe: Ich war eins mit der Weite des Meeres und der Wärme der Sonne. Keine Pflichten, keine Sorgen, keine Aufgaben, keine anderen Menschen, für die ich verantwortlich bin oder sorgen muss. Auch kein Zwicken in meinem Körper und kein Gedanke, an das, was ich unbedingt noch tun muss. Ganz frei, nur ich in der Wärme der Sonne ohne Sorgen – einfach ein glücklicher Moment.

Alles, was schon einmal da war, können wir durch Erinnerung und Imagination reaktivieren. Unser Gehirn kann zwischen Vorstellung und Realität nur bedingt unterscheiden (warum sollten Sie sonst bei einem Albtraum ein Angstgefühl erleben?). Also weiß ich ziemlich genau, was ich tun muss, wenn ich wieder einmal für ein paar Momente glücklich sein möchte.

Ich lehne mich dann in meinem Schreibtischstuhl zurück, schaue das Bild an, schließe die Augen und sitze wieder an Bord des Schiffes in der warmen Sonne und erlebe das gleiche Glücksgefühl nochmal. Inzwischen weiss ich auch, wie ich dieses Gefühl durch aktuelles Erleben noch weiter verstärken kann. Sehr gut funktioniert das bei mir mit einer frisch gebrühten Tasse Kaffee in der Hand: Ich spüre die Wärme der Tasse in meiner Hand, was die Wärme der Sonne in meinen Gedanken intensiviert. Ich rieche den Duft des frischen Kaffees und ich schmecke das leckere Aroma auf meiner Zunge. Ich aktiviere also alle meine Sinne und erlebe diesen Moment des Glücks jedes Mal neu und fast so intensiv, wie er damals war.

Einen solchen Moment haben Sie in Ihrem Leben mit Sicherheit auch, wobei Ihr Moment natürlich vollkommen anders aussehen kann als meiner. Auch Sie können diesen Augenblick jederzeit reaktivieren und so aufs Neue erleben. Probieren Sie es aus, Sie werden sehen, auch Sie können jederzeit und auf einfache Art und Weise mehr Zeit mit Glücklichsein verbringen.

Ich wünsche Ihnen dabei viel Freude und am besten fangen Sie doch gleich mal damit an!

Freiraum für Ihre Gedanken

_____

_____

_____

_____

_____

_____

_____

_____

_____

Kurzimpulse

Im Gegensatz zum ersten und zweiten Band meiner Reihe mit dem knallroten Cabrio habe ich mich diesmal entscheiden, Ihnen, liebe Leserinnen und Leser, im zweiten Teil des Buches noch einige Kurzimpulse anzubieten.

Diese kurzen Reflexionsimpulse veröffentliche ich regelmäßig am Montagmorgen in meinem Blog, um jedem, der er möchte, zum Wochenstart einen kurzen Moment des Reflektierens als Start in die neue Woche mit auf den Weg zu geben.

Falls Sie zukünftig weiterhin diese kurzen Impulse lesen möchten, dann abonnieren Sie doch meinen Blog unter:

www.marioporten.de/news/

Und nun weiterhin viel Lesefreude mit meinen Kurzimpulsen.

Diese beginnen übrigens mit fünf Texten, die alle durch Zitate des Philosophen Wilhelm Schmid, den Sie bereits im ersten Teil dieses Buches kennengelernt haben, inspiriert und daher von mir hintereinander sortiert wurden.

K1 Coaching vs. Therapie

Die Patienten möchten, dass ich nicht nach Problemen in ihrer Kindheit bohre, dass ich ihnen keinen Rat gebe, sondern einfach ein guter Gesprächspartner bin, der sie zu Gedanken inspiriert.
Wilhelm Schmid

Immer wieder begegnen mir in meiner Arbeit Klienten, die im Laufe ihres Lebens auch schon mit Psychotherapeuten zusammengearbeitet haben. Viele dieser Klienten kannten dann auch schon einige Methoden, die wir im Coaching angewandt haben. Oft höre ich von ihnen Aussagen, der Unterschied sei, dass ich als Coach mit meinen Klienten viel mehr nach vorne in die Zukunft schaue.

„Natürlich tue ich das", sage ich dann oft, „in der Vergangenheit können Sie ja kaum leben, die ist nämlich bereits vorbei". Coaching versucht ja immer die Zukunft des Klienten zu einem Besseren zu gestalten oder um präziser zu sein, ihn zu befähigen, seine Zukunft positiver zu gestalten. Dafür schauen wir kurz zurück, denn die Vergangenheit liefert oftmals Erklärungen und hilft zu verstehen, warum etwas ist, wie es ist. Dort lange zu verbleiben, ist jedoch wenig hilfreich.

„Und wie kann ich es besser machen?", werde ich dann oft gefragt und gebe immer wieder die gleiche Antwort. Ich weiss natürlich nicht, wie mein Klient sein Leben besser gestalten kann, wie vermessen wäre es, wenn ich so tun würde, als könnte ich das Leben anderer Menschen gestalten? Was ich tun kann, ist Möglichkeiten anzubieten, aus denen mein Klient auswählen und die mein Klient ausprobieren kann. Was ihm guttut, kann er beibehalten, was ihm nicht guttut, kann er wieder gegen eine andere Alternative austauschen. Dr. Gunther Schmidt hat das in einem seiner Bücher mal den „Realitätenkellner" genannt, ein Begriff, der mir sehr gut gefällt. Für mich habe ich inzwischen eher den Sparringspartner im Sprachgebrauch etabliert. Es ist ein Austausch von Ideen, ein kritisches Hinterfragen und ein neugieriges: „Na, wie gut hat es funktioniert?".

Coach zu sein bedeutet ja gerade, keine Lösungen für die Probleme anderer zu haben. Geht es Ihnen nicht auch so? Wenn ein anderer Ihnen sagt, was Sie tun sollen und wie Sie es tun sollen, dann ist die kritische Schwelle, die es zur Umsetzung zu überwinden gilt, viel höher. Wenn Sie selbst entschieden haben, was und wie Sie es tun wollen, dann legen Sie viel kraftvoller und zielstrebiger los.

Und so finde ich es wunderbar als Coach meine Klientinnen und Klienten zu neuen Gedanken, zu kreativen Ideen, zu anderen Lösungen und neuen Sichtweisen zu inspirieren. Und das reicht dann auch.

Freiraum für Ihre Gedanken

_____

_____

_____

_____

_____

_____

_____

_____

_____

K2 Aschermittwoch

Alltag ist nur durch Wunder erträglich.
Max Frisch

Am Aschermittwoch ist alles vorbei – und so gingen wieder einmal die närrischen Tage in den vielen Karnevals- und Faschingshochburgen in Deutschland zu Ende. Nicht dass ich ein Karnevalsfan wäre, obwohl Köln ja meine Heimatstadt ist. Eine wertvolle Funktion erfüllen diese närrischen Tage aber ganz sicher.

Sie spenden sehr vielen Menschen eine Auszeit vom Alltag und eine solche Auszeit ist für uns alle wichtig. Tausende von Menschen ziehen kostümiert und feiernd durch die Sitzungen, durch die Lokale und am Ende durch die Straßen. Sie schlüpfen in Kostüme, vertiefen sich in ganz andere Rollen, saugen die Leichtigkeit auf und lassen den Alltag hinter sich. Selbst wenn das für einige mit viel Arbeit verbunden ist, denn die Organisation in den großen Karnevalshochburgen ist nicht zu unterschätzen, so ist es doch eine Auszeit vom Alltag: Zugleiter, Sitzungspräsident, Tanzoffizier, Funkenmariechen, Büttenrednerin oder Büttenredner – viele Aufgaben und Rollen, aber eben kein Alltag.

In meiner Heimatstadt Köln gab es in diesem Jahr zum ersten Mal ein Dreigestirn, dass von einer Familie gestellt wurde: Sohn (Prinz), Vater (Jungfrau) und Onkel (Bauer). Für die drei Karnevalisten muss das ein Ereignis für die Ewigkeit gewesen sein, von dem sie ihr ganzes Leben lang zehren können. Auszeit von Beruf und Alltag, kombiniert mit so einem wunderbaren Familienerlebnis – großartig.

Nun möchte ich Sie natürlich gar nicht für die „5.Jahreszeit" begeistern, sondern nur an diesem Beispiel klar machen, wie wichtig Auszeiten sind. Der Alltag kostet immer Kraft und jede Auszeit hilft – körperlich und/oder mental – ihn besser zu bewerkstelligen. Auszeiten laden unsere Akkus wieder auf und ohne dass, geht es nicht. Wie diese Auszeiten aussehen, das ist natürlich jedem selbst überlassen, da gibt es vielfältige Möglichkeiten: Reisen, Sport, Abenteuer, Wellness, Ehrenamt, uvm. Die Suche nach dem, was für Sie stimmig ist, können Sie nur selbst vornehmen.

Wann haben Sie sich die letzte Auszeit gegönnt?

Wie sehen Ihre regelmäßigen kleinen Auszeiten vom Alltag aus?

Suchen Sie vielleicht noch nach der richtigen Form der kraftspendenden Auszeit?

Wann ist Ihre nächste Auszeit eingeplant?

Freiraum für Ihre Gedanken

K3 Aufmerksamkeit fokussieren

Aufmerksamkeit, mein Sohn ist, was ich Dir empfehle,
bei dem, wobei du bist, zu sein mit ganzer Seele.
Friedrich Rückert

Vor ein paar Tagen bekam ich eine wunderbare kleine Bildergeschichte zugeschickt, von der ich aber leider nicht weiss, ob ich sie hier frei von Rechten Dritter als Bild verwenden darf. Zwei Vögel betrachteten eine Vogelscheuche und der eine fragte den anderen, ob das ein Mensch sei. Dieser vermeinte vehement und der andere fragte, warum er sich so sicher sein könne. Die Antwort kam prompt:
„Sie starrt nicht auf ihr Handy!"

Für einen Moment musste ich intensiv schmunzeln und dann wurde mir schnell der tiefere Sinn dieser wunderbaren Bildergeschichte klar.

„Alles Erleben ist eine Frage
der Aufmerksamkeitsfokussierung."

Diesen Satz haben Sie vielleicht schon einmal gehört. Unsere Aufmerksamkeit können wir nicht teilen und inzwischen wissen wir ja auch, dass Multitasking uns Menschen eher nicht möglich ist. Dennoch erleben wir täglich Menschen, die durch die Straßen eilen und dabei auf ihr Handy starren. Die Steigerungsform davon wird erreicht, wenn diese Menschen zusätzlich noch Kopfhörer in den Ohren haben und Musik oder Podcasts hören.

Wie sieht das Erleben in diesen Momenten aus? Ehrlich gesagt, ich weiss es nicht, denn ich agiere nicht in diesem Modus. Nach allen heutigen Erkenntnissen kann man jedoch davon ausgehen, dass eine Reizüberflutung vorliegt, die dazu führt, dass nichts vollständig und intensiv wahrgenommen wird, die Dinge eher an den Betroffenen „vorbeifließen" und es unbewusst wahrscheinlich zu einer Art Stresserleben kommt.

Stress und Reisüberflutung haben wir in unserer modernen Mediengesellschaft bereits zu viel und ich erlebe immer wieder Menschen, die sich nach dem Gegenteil sehnen, nämlich sich einer Sache ganz hingegeben zu können und diese mit allen Sinnen aufzusaugen und zu genießen. Dann erleben wir viel intensiver, schaffen bleibende Erinnerungen, fokussieren unsere Aufmerksamkeit voll und ganz. Das bedeutet z.B. im Wald spazieren zu gehen und dabei das Handy am besten gar nicht mitzunehmen, die Geräusche des Waldes zu hören, den Duft aufzusagen, die Tiere zu beobachten und so weiter.

Nur wenn wir uns ganz auf eine Sache fokussieren, können wir auch wieder ganz zu uns finden, spüren, was uns guttut, den Moment genießen und die Seele baumeln lassen. Einfach sein, hier und jetzt.

Wann haben Sie sich das letzte Mal beim Multitasking ertappt? Waren Sie zufrieden mit den Ergebnissen?

Wann haben Sie sich das letzte Mal ganz auf eine Sache fokussiert, waren vollkommen bei sich, abgetaucht im hier und jetzt?

Was haben Sie in diesen Momenten gemacht? Erinnern Sie sich und nehmen Sie die Sinneswahrnehmungen, die Sie dabei hatten, noch einmal wahr.

Was könnte Ihr nächstes Erlebnis sein, auf das Sie Ihre Aufmerksamkeit vollkommen fokussieren und dafür alle Ablenkungen ausschalten wollen?

Freiraum für Ihre Gedanken

K4 Fehler machen

Wenn ich mein Leben noch einmal leben könnte,
würde ich die gleichen Fehler wieder machen.
Nur ein bisschen früher, damit ich mehr davon habe.
Marlene Dietrich

Marlene Dietrichs Ausspruch ist eines meiner absoluten Lieblingszitate. So viel Wahrheit und Weisheit kleidet sie in so wenige Worte.

Viel zu viel, als dass ich alle Aspekte, die darin verborgen sind, in diesem kurzen Impuls verarbeiten könnte. So bleiben alle Fragen rund um das Thema Fehlerkultur, Umgang mit Fehlern in Unternehmen, Schuldige suchen oder doch lieber Lernchancen nutzen heute außen vor.

Fehler haben auch immer einen ganz persönlichen Aspekt – was habe ich falsch gemacht? Warum habe ich das nur falsch gemacht? Wie kann ich nur vermeiden, dass mir so etwas nochmal passiert?

Solche Fragen stellen meine Klienten sehr häufig und hadern mit sich. Manche sind gar verzweifelt und voller Angst, sie wollen auf keinen Fall den gleichen oder einen ähnlichen Fehler nochmals begehen.

Das ist doch so menschlich und anerkennenswert – wer will schon Fehler machen, lieber doch perfekt und fehlerfrei sein. Doch ob das wirklich der bessere Zustand wäre, kann dahinstehen, denn dieser Zustand ist gar nicht erreichbar. Ein Leben ohne Fehler gibt es nicht.

„Aber…", schreit sofort eine innere Stimme in Ihnen? Viele Menschen haben einen perfektionistischen Persönlichkeitsanteil, dem gefällt Fehler machen natürlich nicht.

Und dennoch gibt es keine Alternative – nur wer seine Fehlbarkeit annimmt, wird zufrieden und auch erfolgreich werden – alles andere kostet viel zu viel Energie. Akzeptieren Sie Ihre Endlichkeit, dann können Sie auch beginnen, mit Fehlern konstruktiv umzugehen, daraus zu lernen und vieles mehr.

Welchen Fehler haben Sie sich bis heute nicht verziehen?

In welcher Rolle, die Sie in Ihrem Leben ausüben (Eltern, Chef, Kollege, Freund, etc.), fällt es Ihnen besonders schwer, Fehler zu akzeptieren?

Was ist die wichtigste Lernerfahrung, die Sie aus einem Fehler gewonnen haben?

Freiraum für Ihre Gedanken

K5 Erfahrungen

Wir glauben Erfahrungen zu machen,
aber die Erfahrungen machen uns.
Eugene Ionesco

Haben Sie auch einen Moment gebraucht, bis die Botschaft dieses Zitates bei Ihnen angekommen ist? So ging es jedenfalls mir und dann musste ich schmunzeln.

Ich erinnerte mich an eine Frage, die vor ein paar Tagen in einem meiner Coachings Thema war: „Kann man Führung lernen?"

„Man kann alles lernen, also auch Führung", war meine Antwort und der Auftakt in eine kleine Diskussion.

Die moderne Hirnforschung hat uns in den letzten Jahren zum Glück so viele wertvolle und klare Erkenntnisse geliefert, dass einige Themen heute nicht mehr in Frage zu stellen sind. Wir können alles lernen und das ein Leben lang. Es ist nicht immer einfach und manchmal sehr anstrengend, aber grundsätzlich möglich.

Unser Gehirn kann immer neue Verknüpfungen bilden, also lernen wir. Die größten Lernerfahrungen machen wir natürlich in unserer Kindheit und Jugend, denn da ist unser Gehirn noch nicht so verknüpft wie später. Unsere Erfahrungen – insb. in der (frühen) Kindheit – prägen uns dabei maßgeblich und sind mindestens so bedeutend wie die oft gepriesene Vererbung.

Nun bin ich kein Hirnforscher und belasse es an dieser Stelle bei diesem Blitzlicht.

Welche Erfahrungen haben Sie besonders geprägt?

Waren diese positiv oder negativ?

In welcher Form hat Sie diese Prägung besonders vorangebracht, wo steht sie Ihnen vielleicht „manchmal im Weg"?

Was würden Sie gerne noch lernen – vielleicht etwas für Sie „ganz Neues"?

Ein spannendes Thema mit interessanten Fragestellungen? Das finde ich auch!

Freiraum für Ihre Gedanken

K6 Flow

*Im Flow zu sein heißt, losgelöst zu sein von Raum und
Zeit, mit einer Sache zu verschmelzen,
körperlich, emotional, kognitiv.
Prof. Dr. Hannah Monyer*

Manchmal gehen uns die Dinge besonders leicht von der
Hand, wir versinken förmlich in dem, was wir gerade tun.
Wir nehmen unsere Umwelt nicht mehr wahr, wir sind
ganz bei uns selbst. Was wir gerade tun, macht uns
Freude und bindet unsere ganze Aufmerksamkeit. Einen
solchen Zustand kennen sicher die meisten von Ihnen,
die Zeit vergeht wie im Flug und oft haben Sie danach
vielleicht einen Satz gesagt wie etwa: „Ich habe gar nicht
gemerkt, wie spät es schon ist, ich war so im Flow!"

Mir fallen vor allem zwei Bilder ein, wenn ich an diesen
Zustand denke: Zum einen mein Freund Wolfgang, der
an seinem Flügel völlig in sich versinken und mit dem Instrument verschmelzen kann. Während er spielt, bekommt er von der gesamten Umwelt scheinbar gar nichts
mehr mit. Zum anderen mein heute erwachsener Sohn,
der schon als kleiner Junge manchmal ganz von allein
einfach in sein Zimmer ging. Wenn man einige Minuten
später vorsichtig durch den Türschlitz schaute, saß er in
der Regel völlig mit sich selbst zufrieden auf dem Tep-
pich und spielte oder baute irgendetwas. Er war ganz bei
sich, brauchte niemanden und wirkte glücklich.

Flow ist also offenbar ein wunderbarer Zustand und das
gleich unter mehreren Aspekten. Zum einen sind wir im
Flow gemeinhin sehr produktiv und kreativ. Künstler
schaffen ihre besten Werke meist im Flow und viele

Firmen wünschen sich, dass ihre Mitarbeitenden doch ständig im Flow sein mögen, was natürlich nicht funktioniert. Auch Sportler kennen den Flow, die Minuten im Wettkampf, in denen scheinbar alles funktioniert und das noch dazu quasi ohne Anstrengung. Aber im Flow kann ich auch sein, ohne dass es dabei auf die Produktion von irgendetwas ankommt oder ohne dass es gerade darum geht, große Erfolge zu erreichen – denken Sie an meinen Sohn. Dann sind Flow die wunderbaren Momente, in denen ich ganz bei mir bin, nur auf meine innere Stimme höre und nur tue, was mir gerade guttut. Es sind die Momente, von denen wir danach häufig sagen, dass wir in diesen Momenten glücklich waren. Solche Momente tun uns allen gut und wenn wir sie länger nicht erlebt haben, spüren wir oft ein zunehmend großes Defizit.

Wann also waren Sie das letzte Mal im Flow?

War es ein Flow von besonderer Produktivität oder Erfolg?

Oder war es vielmehr so ein Moment des Glücks, in dem Sie ganz bei sich waren?

Wie oder wobei kommen Sie besonders gut in den Flow?

Ich hoffe, Sie kommen bald mal wieder in den Flow – genießen Sie den Moment!

Freiraum für Ihre Gedanken

K7 Finnland

Die Finnen sind erneut - bereits zum siebten Mal in Folge - die glücklichsten Menschen der Welt. Das geht zumindest aus dem UN-Weltglücksbericht 2024 hervor. Im Norden Europas scheinen ohnehin die glücklichsten Menschen zu leben, denn auf Finnland folgen weitere nordeuropäische Staaten wie Dänemark, Island und Schweden.

Na, soweit sind wir ja von Dänemark nicht entfernt, dann werden wir Deutschen doch wohl auch sehr glücklich sein, könnte man meinen. Doch weit gefehlt, für Deutschland geht es im aktuellen Bericht sogar deutlich abwärts und wir landen nach Platz 16 beim letzten Mal nun nur noch auf Platz 24.

Glück wird in diesem Bericht nicht als Freude im Moment verstanden, sondern eher als ein Gefühl der (allgemeinen) Zufriedenheit. Offenbar sind die Bevölkerungen in den skandinavischen Ländern sehr bodenständig und bewerten ihr Leben in den für diesen Report relevanten Faktoren (u.a. soziale Unterstützung, Lebenserwartung, Abwesenheit von Korruption und freie Entscheidungsmöglichkeiten) sehr positiv und sind mit ihrem Leben sehr zufrieden. Der finnische Psychologe Frank Martela führt speziell für Finnland auch an, dass die finnische Regierung effektiv funktioniere und in der Lage sei, für ihre Bürger da zu sein. Ein Gefühl, welches offenbar vielen Menschen in anderen Ländern gerade fehlt.

Nicht nur aber auch für Deutschland gilt, dass junge

Menschen, die nach 1980 geboren sind, deutlich unzufriedener sind als ältere Menschen, die vor 1965 geboren wurden. Es gibt also eine Zufriedenheitskluft zwischen Senioren und Junioren. Na ja, ich überlasse Sie Ihren Gedanken, aber wundern kann es uns eigentlich nicht.

Wir sind in Deutschland somit auf keinem guten Weg und das sollte uns alle nachdenklich machen. Für diesen Impuls stellen sich also einige Fragen:

Was macht Sie zufrieden?

Was – ganz konkret – ist aktuell der größte Unzufriedenheitsfaktor in Ihrem Leben?

Was können Sie tun, um diese Unzufriedenheit zu reduzieren?

Warum fangen Sie nicht sofort damit an?

Wer oder was könnte Ihnen helfen, zufriedener zu werden?

Vielleicht sollten wir alle mal eine Reise nach Finnland unternehmen? Ich denke jedenfalls darüber nach.

Freiraum für Ihre Gedanken

K8 Zuhören

Einige wenige Menschen stellen Dir so verdammt gute Fragen, dass man davon ausgehen kann, dass sie dir tatsächlich zugehört haben.
Kalenderspruch

Gute Fragen zu stellen, ist ohne jeden Zweifel eine der wichtigsten Aufgaben eines Coaches. Und um gute Fragen stellen zu können, muss man auch gut zuhören können. Zuhören können ist also mehr oder weniger zwangsläufig eine der Kernkompetenzen eines guten Coaches.

Als Coach kann ich in der Tat sehr gut zuhören und häufig höre ich sogar etwas länger zu, als dies unbedingt notwendig wäre. Ich lasse meine Klienten gerade am Beginn eines Coachingsprozesses meist bewusst etwas mehr reden und erzählen, weil ich ganz oft spüre, wie gut ihnen das tut. Einfach mal alles sagen können, jemanden haben, der sich wirklich für einen interessiert, der Zeit hat und versteht. Jemand vor dem ich mich nicht rechtfertigen muss, nicht erklären muss, warum ich mich gerade fühle, wie ich mich fühle, jemand der mich akzeptiert, wie ich gerade bin.

Einfach mal alles aussprechen können, das nennen wir mit dem Fachbegriff „entäußern" und es war schon in vielen meiner Coachingprozesse die Grundlage dafür, dass sich Menschen danach für neue Sichtweisen und andere Blickwinkel öffnen konnten. Wenn ich mich selbst verstanden und angenommen fühle, dann ist das häufig die Grundlage dafür, auch andere Standpunkte und Sichtweisen besser verstehen und akzeptieren zu können.

Ich stelle bei mir übrigens fest, dass ich als Coach sehr

viel besser zuhören kann, als wenn ich nicht in meiner Coachrolle agiere. Als Privatmensch interessieren mich viele Themen einfach nicht mehr, vieles langweilt mich und ich habe keine Lust mehr, mich mit diesen Themen zu beschäftigen. In diesem Modus bin ich fast zwangsläufig kein guter Zuhörer, bin schnell genervt oder stehe gar nicht zur Verfügung. Das erfreut nicht alle Menschen in meinem Umfeld und macht es mir an vielen Stellen nicht leichter, aber es ist einfach so. Ich habe keine Lust mehr, mich zu verstellen.

Einen guten Zuhörer zu haben, bei dem man sich öffnen kann und der einem die „guten Fragen" stellt, die dabei helfen sich selbst zu reflektieren und die richtigen Erkenntnisse zu gewinnen, ist im Leben sehr wertvoll. Diese Rolle können natürlich nicht nur Coaches einnehmen, sondern auch gute Freunde, Mentoren oder auch Familienmitglieder. Wichtig ist, dass Sie jemanden haben, der Ihnen zuhört.

Also, wie sieht es bei Ihnen aus?

Wer hört Ihnen wirklich zu, wenn Sie einen Zuhörer brauchen?

Beim wem können Sie sich vollständig öffnen?

Was war die beste Frage, die Ihnen dieser Zuhörer je gestellt hat?

Für wen sind Sie der beste Zuhörer?

Freiraum für Ihre Gedanken

K9 Kompromiss

*Ein Kompromiss ist nur dann gerecht, brauchbar und
dauerhaft, wenn beide Parteien damit
gleich unzufrieden sind.*
Henry Kissinger

Die Suche nach Lösungen und Kompromissen erfordert
oft viel Zeit. Zeit aber ist so oft in heutiger Zeit ein knappes Gut und deswegen sind viele mit den Gedanken häufig schon einen Schritt weiter. Der Versuch, eine Lösung
zu finden, mit der alle voll umfänglich zufrieden sind, ist
meist schon im Ansatz zum Scheitern verurteilt.

Ich weiss nicht, wann Henry Kissinger den Satz im Zitat
gesagt hat, aber er war seiner Zeit wohl voraus. Heute
setzen sich immer mehr Ansätze durch, bei denen Entscheidungen im Konsent getroffen werden. Gibt es wirklich sehr wichtige Argumente, die dagegensprechen?
Wenn nein, lass es uns ausprobieren, ändern können wir
es immer noch.

Im Konsent ist schon angelegt, dass wohl kaum jemand
vollkommen zufrieden sein wird, aber der Fortschritt an
sich ist wichtiger. Jeder nimmt ein wenig Unzufriedenheit
in Kauf, damit alle in der Sache vorankommen. Ganz im
Sinne von Henry Kissinger.

Wo haben Sie schon mal „faule" Kompromisse gemacht?

Haben Sie schon mal sehr viel Zeit darauf verwendet,
eine Lösung zu finden, mit der alle voll zufrieden sind?

Hat es sich gelohnt?

Lösungen zu finden, fällt Ihnen ohnehin schwer und dabei möchten Sie es doch so gerne allen recht machen?

Das ist sehr menschlich und doch so schwer.

Freiraum für Ihre Gedanken

K10 Heute

Morgen ist noch nicht gekommen und gestern ist vorbei.
Wir leben heute.
Mutter Teresa

Kennen Sie auch Menschen, die jeden zweiten Satz mit „Früher als..." beginnen und meist zu dem Ergebnis kommen, dass früher alles besser war?

Fällt Ihnen vielleicht auch jemand ein, der ständig Pläne macht, die er irgendwann in der Zukunft umsetzen möchte? Meist warten solche Menschen lange und vergeblich.

Für mich ist es immer am angenehmsten mit Menschen zu arbeiten, die ganz im Hier und Jetzt angekommen sind. Hier und heute können wir gestalten, verändern, neu beginnen, genießen, trauern oder fröhlich sein – je nachdem wonach uns gerade ist.

Menschen, die nicht im Hier und Jetzt angekommen sind, nehmen oftmals ihre Umwelt sehr eingeschränkt war, übersehen die kleinen schönen Dinge im Leben und wirken häufig abwesend. „Ich mag das selbst nicht, aber...", höre ich dann häufiger von meinen Klienten. Die Gedanken lassen sie nicht los, egal, ob sie rückwärts oder vorwärts gerichtet sind. Von Ängsten ganz zu schweigen.

Einfach sein – das aber geht nur hier und jetzt!

Wo stehen Sie gerade?

Wie geht es Ihnen dort?

Wollen Sie dort bleiben?

Nein? Aber allein kommen Sie nicht ins Hier und Jetzt? Wie könnten Sie denn fortkommen von dort, wo Sie gerade sind?

Wer oder was könnte Ihnen helfen?

Freiraum für Ihre Gedanken

K11 Träume

Sprich über Deine Träume und
versuche, sie wahr zu machen.

Bruce Springsteen

Immer wieder begegnen mir im Coaching Zielformulierungen, die in die Richtung von „ich möchte zufriedener oder glücklicher sein" gehen. Das ist doch so verständlich, wollen wir nicht alle zufrieden und glücklich sein?

Schon viel schwieriger ist für meine Klienten oftmals die Frage, wie es denn sein muss, damit sie zufriedener oder gar glücklicher sein können. Dafür müssen wir uns häufig auf eine längere Suche machen, doch meistens werden meine Klienten irgendwann fündig.

Besonders oft ist es dann ein Persönlichkeitsanteil, der die Dinge aussprechen und oft sogar visualisieren kann. „Tja, wenn ich könnte, wie ich wollte., dann…", lautet häufig ein typischer Satz meiner Klienten.

„Wer oder was hindert Dich daran?", frage ich und die Antworten sprudeln nur so, doch wenn wir dann gemeinsam genauer hinschauen, bleibt oft nicht viel von den Einwänden übrig. Die Menschen haben sich meist gar nicht auf das fokussiert, was sie eigentlich wollen oder es auch gar nicht erkannt. Der entsprechende Persönlichkeitsanteil war unterdrückt.

Deshalb ist das ein wunderbarer Ausspruch von Bruce Springsteen, den ich gerne am Anfang noch um eine Stufe erweitern würde: „Werde Dir Deiner Träume bewusst, sprich darüber und versuche, sie wahr zu machen".

Wir alle haben nur ein Leben und viele von uns warten viel zu lange und irgendwann ist es zu spät, die eigenen Träume zu realisieren. Fangen Sie doch am besten gleich damit an.

Was sind Ihre Träume?

Was hindert Sie daran, diese zu erreichen?

Ist das wirklich wahr?

Nicht so einfach, die eigenen Träume zu erkennen oder gar sie zu erreichen? Lassen Sie sich helfen, das geht sicher, aber **tun** müssen Sie es selbst.

Freiraum für Ihre Gedanken

K12 Da sein

Das genügt.
Der Unterschied zu früher:
Du warst immer abgelenkt.
Abgelenkt von dir.
Abgelenkt davon, dass du bist.
Und wie interessant ist es, zu sein.
Es gibt nichts Interessanteres,
als da zu sein.
Martin Walser

Dieses Gedicht von Martin Walser begegnete mir 2023 im Adventskalender „Der andere Advent", den mir seit Jahren eine sehr gute Freundin schenkt. Schon oft habe ich aus den kleinen Anregungen und Geschichten für mich etwas mitgenommen.

Martin Walsers Worte brauchen eigentlich keine ergänzenden Ausführungen eines Coaches, denn ich glaube, sie lösen bei jedem sofort etwas aus. Ein paar Worte füge ich dennoch hinzu.

Ich jedenfalls erinnere mich sehr gut an die Zeiten, ich denen ich immer abgelenkt war. Zu herausfordernd und vermeintlich wichtig waren die täglichen beruflichen Aufgaben, als dass meine Gedanken nicht permanent darum kreisten. Ich war zu Hause und doch im Büro. Und wann war ich bei mir? Ich weiss es ehrlich gesagt nicht mehr.

Es gibt so viele Herausforderungen im Leben, so viele Aufgaben, die darauf warten, erledigt zu werden. Berufliche, private, in Vereinen, in Ehrenämtern und viele mehr. Es ist leicht, immer irgendwo zu sein, nur nicht bei mir. Einfach sein – das klingt so leicht und ist doch für viele

Menschen vielleicht eine der größten Herausforderungen überhaupt.

Deshalb: DANKE Martin Walser für dieses großartige Gedicht und den damit verbundenen Moment des Innehaltens.

Wo sind Sie, wenn Sie von sich abgelenkt sind?

Was vereinnahmt Sie und lässt Sie nicht los?

Wissen Sie schon alles über sich? Insbesondere, was Ihnen guttut?

Sind Sie ganz bei sich und im Hier und Jetzt?

Das sind Fragen, die Sie nachdenklich machen und die Sie nicht so leicht beantworten können? Das kenne ich, es geht ganz vielen Menschen so.

Freiraum für Ihre Gedanken

K13 Eines Tages

Eines Tages oder Tag eins: DU entscheidest!
Kalenderspruch

Ich sollte mal weder ins Fitnessstudio gehen. Ich muss unbedingt mal wieder meine Eltern besuchen. Wenn ich erstmal im Ruhestand bin, mache ich eine Weltreise. Ich würde ja so gerne ein Instrument lernen, aber leider habe ich keine Zeit dazu.

Nur ein paar kleine oder auch größere Verschiebungen, die Sie sicher in ähnlicher Form auch kennen. Verschieben tun wir alle und meist gibt es nachvollziehbare Gründe dafür. Doch das Ganze hat natürlich auch eine Kehrseite, denn oft weichen wir Dingen aus, schieben sie auf die „lange Bank" und stellen uns damit der ein oder anderen Herausforderung einfach nicht. Letztlich ist alles eine Frage der Prioritätensetzung und wir bestimmen selbst, was wir angehen und umsetzen und was wir aufschieben.

Zu oft habe ich schon Menschen kennengelernt, die ihre Wünsche und Träume, das, was sie wirklich tun wollten, immer weiter verschoben haben. Immer war etwas anderes wichtiger, die Karriere, die Kinder und vieles mehr. Irgendwann war es dann zu spät, Krankheit oder gar Tod verhinderten die Umsetzung der eigenen Wünsche und Träume.

Zeit ist in unserem Leben immer ein knappes Gut, wir haben selten genug davon, deshalb kommen wir ohne Prioritäten, die wir selbst bestimmen, im Leben leider nicht aus. Überlegen Sie also gut, was Sie verschieben wollen und für was Sie sich Zeit nehmen wollen und dafür andere Dinge zurückstellen. Dafür müssen Sie vielleicht einige Konsequenzen in Kauf nehmen und Sie müssen entscheiden, ob es Ihnen diese Konsequenzen wert ist. Bei allen Überlegungen sollten Sie eines bedenken: Ihre Zeit ist auf jeden Fall nicht unbegrenzt vermehrbar und die Zeit, die vorbei ist, ist vorbei. Warten Sie nicht zu lange, irgendwann ist es für Ihre Wünsche und Träume vielleicht zu spät.

Was schieben Sie schon lange vor sich her?

Was wollten Sie – eigentlich – immer schon tun, haben es aber nie getan?

Wie stichhaltig sind Ihre Argumente zur Verschiebung und wie viele davon sind nur Ausreden?

Was gehen Sie nach der Lektüre dieser Zeilen jetzt kurzfristig an?

Freiraum für Ihre Gedanken

K14 Karfreitag

Es gibt Tage im Jahr, an denen ist gefühlt „irgendwie gar nix los". Für mich ist Karfreitag immer so ein Tag. Ich bin kein religiöser Mensch, gehe nicht in die Kirche und feiere die kirchlichen Feste auch sonst nicht besonders. Dann bleibt dieser hohe kirchliche Feiertag als ein Tag zurück, an dem alle Geschäfte geschlossen sind, keine Sportveranstaltungen stattfinden, Feste verboten sind und viele Menschen keine Zeit haben, weil sie sich mit der Familie treffen. Das TV-Programm ist auch irgendwie anders und ja selbst der Bäcker um die Ecke hat geschlossen. Die Zeit steht plötzlich fast still – es ist ein komischer Tag für mich.

Vielleicht sind Sie am Karfreitag sehr eingespannt und haben viel zu tun, müssen arbeiten oder sind kirchlich aktiv. Dann kennen Sie dieses Gefühl, das ich oben versucht habe zu beschreiben, vielleicht trotzdem, nur eben von einem anderen Tag.

Ein solcher Tag erinnert mich zumindest immer wieder daran, dass ich jetzt die Wahl habe, welche Bedeutung ich diesem Tag gebe.

Eine Variante wäre, dass es ein doofer Tag ist, verlorene Zeit, nix ist los, kein Sport, den ich anschauen könnte, ich kann nicht einkaufen, überall ist alles still, verlorene Zeit. Arbeiten kann ich auch nicht, denn meine Kunden sind nicht erreichbar. Wenn ich dem Karfreitag diese Bedeutung gebe, dann ist es also kein schöner Tag, ich bin missmutig, schlecht drauf, für meine Mitmenschen eher schlecht zu ertragen und es kann nur schlechter werden an diesem Tag.

Eine andere Variante wäre, mich auf diesen Tag zu freuen, weil endlich mal niemand etwas von mir möchte. Ich habe einen ganzen Tag Zeit nur für mich. Ich kann Dinge tun, für die sonst nie Zeit ist. Vielleicht mal einen ganzen Tag meinem Lieblingshobby nachgehen oder Dinge aufräumen, die schon lange darauf warten. Etwas Schönes kochen und mich danach dem Genuss der Sinne hingeben oder einen Ausflug in die Natur machen. Ein ganzer Tag geschenkte Zeit! Mit dieser Einstellung bin ich natürlich gut drauf, voller Vorfreude und auch mein Umfeld wird diese Einstellung sicher wahrnehmen.

Diese Wahlfreiheit haben wir übrigens immer, es ist also nie das konkrete Ereignis, das ein „Problem" darstellt, sondern es ist immer unsere ganz persönliche Bewertung, die wir diesem Ergebnis geben. Doch diesen Aspekt zu vertiefen, würde hier den Rahmen sprengen.

Wie gehen Sie einen Tag an, an dem vermeintlich „nix los ist"?

Welchen Tag haben Sie zuletzt als „verlorenen Tag" empfunden?

Was hätten Sie tun können, damit es ein besonders schöner und kein verlorener Tag gewesen wäre?

Was nehmen Sie sich für den nächsten Tag dieser Art vor?

Freiraum für Ihre Gedanken

K15 Igel

Seine Grenzen zu kennen, ist überlebenswichtig.
Warren Buffet

Wir haben seit Jahren einen sehr tierfreundlichen Garten und werden dafür mit zahlreichen tierischen Gästen belohnt. An der Spitze der Gartenhierarchie steht aber unsere Katze Abby, die seit 13 Jahren die Fürstin im Garten ist.

Die Igel, die jeden Abend zahlreich erscheinen, um sich ihr Futter zu holen, und Abby kommen sehr gut miteinander aus. Als sie klein war, hat Abby nämlich freudig getestet, ob die Stachelkugeln nicht großartige Spielkameraden sein könnten und sehr schnell gemerkt, dass der Kontakt mit ihnen ziemlich schmerzhaft ist. Seitdem sind die Rollen geklärt: Die Igel laufen auf der Wiese, Abby sitzt auf einer kleinen Mauer und schaut ihnen zu – die Reviere sind klar abgegrenzt.

An diesem Abend war das mal anders: Abby saß auf der Wiese und beobachtete etwas im Gebüsch, ich vermute eine Maus, als der erste Igel zielstrebig von seinem Weg durch die Hecke auf die Wiese abbog und genau auf Abby zulief. Warum sollte er auch ausweichen, die Katze wird schon – wie immer – aus dem Weg gehen. Tat sie diesmal nicht und als der Igel bis auf ca. 15 Zentimeter heran war, fauchte sie ihn mächtig an. Der Igel erschrak, rollte sich ein, verharrte so etwa eine Minute, entrollte sich dann vorsichtig, sah sich um und trollte sich zurück in die Hecke. Abby sprang zurück auf ihre Mauer und alles war geklärt. Ich schmunzelte in mich hinein.

Ist die Natur nicht eine wunderbare Lehrmeisterin?

In wessen „Revier" leben Sie und bewegen sich vielleicht manchmal allzu selbstverständlich oder rücksichtslos (natürlich nicht absichtlich) darin?

Von wem wurden Sie schon einmal „angefaucht" und damit an Ihre Grenzen erinnert?

Wem sollten Sie vielleicht mal wieder die „Rangordnung" oder die Grenzen aufzeigen, weil das zur Klarheit für alle Beteiligten beitragen könnte?

Und, wie können Sie das freundlich und nett, aber doch klar und unmissverständlich tun?

Freiraum für Ihre Gedanken

K16 Kann weg

Genug ist Überfluss für den Weisen.
Euripides

Wenn man seit einigen Jahren einen Tageskalender mit Sprüchen hat, stellt man schnell fest, dass es einige Sprüche gibt, die sich in jedem Jahr wiederholen. Das liegt vielleicht an der Ideenlosigkeit der Gestalter, vielleicht aber ja auch daran, dass diese Sprüche ganz besonders wertvoll sind. Jedenfalls hatte ich der vergangenen Woche wieder einmal den freundlichen Hinweis:

„Alles, was Dich nicht glücklich macht, kann weg!"

‚Alle Jahre wieder‘, dachte ich im ersten Moment, doch da war auch sofort diese innere Stimme, die sagte: „Ja, genau!" Wenn man, wie wir alle, in der westlichen Wohlstandsgesellschaft lebt, dann ist es fast unvermeidlich, dass man im Laufe der Zeit eine Vielzahl von Dingen aufbewahrt, die man eigentlich gar nicht braucht. Wenn man ehrlich zu sich ist, weiss man auch, dass man diese Dinge wahrscheinlich nie wieder im Leben anschauen wird. Dennoch werden sie aufbewahrt, bis irgendwann alle Schubladen, Regale und ähnliches vollgestopft sind.

Dieses Thema ist übrigens nicht nur bei materiellen Dingen aktuell, sondern z.B. auch bei liebgewonnenen Gewohnheiten. Viele Routinen haben wir uns irgendwann einmal angeeignet und zu diesem Zeitpunkt waren sie wahrscheinlich gut und hilfreich. Leider hinterfragen wir viele Dinge irgendwann dann nicht mehr und behalten sie bei, obwohl sie uns inzwischen weder Nutzen noch Freude bringen. Es ist einfach so, obwohl es inzwischen nur noch ein Zeitfresser ist. Ein Beispiel gefällig?

„Sorry, ich bin zu spät!", hastete vor ein paar Tagen eine Klientin in meinen Coachingraum.

„Ich war noch schnell einen Espresso trinken, in dem Cafe um die Ecke, mache ich jeden Morgen so. Hat furchtbar geschmeckt, aber na ja, seit der Besitzer letztes Jahr gewechselt hat, …".

Sie verstehen, was ich meine.

Ich habe den Kalenderspruch zum Anlass genommen, mal wieder eines meiner Bücheregale aufzuräumen, in dem so viele Bücher standen, von denen ich sicher war, sie nie wieder in die Hand zu nehmen. Jetzt habe ich wieder Platz im Regal und warte auch noch auf eine schöne Gutschrift des Second-Hand-Buchhändlers, zu dem ich alle ausgemusterten Bücher geschickt habe.

Und Sie?

Was könnten Sie mal wieder aufräumen, um es zu entschlacken?

Welche Gewohnheiten passen heute gar nicht mehr in die Zeit, so dass Sie sich von ihnen trennen könnten, um Zeit zu gewinnen?

Freiraum für Ihre Gedanken

K17 Urlaub

Wer Urlaub braucht, hat keinen verdient.

Abraham Lincoln

Am vergangenen Freitag haben auch in unserem Bundesland die Sommerferien begonnen und die Schülerinnen und Schüler freuen sich auf sechs Wochen Schulpause.

Auch von vielen anderen Seiten höre bzw. lese ich aktuell wieder spannende Aussagen. Auf meinem Tageskalender steht beispielsweise: „Urlaub ist schönste Zeit im Jahr". In einem Telefonat sagte eine Führungskraft gestern zu mir: „Endlich raus hier und weg in die Sonne, wird auch Zeit für eine Pause von dem Laden hier." Und schließlich sagte ein weiterer Klient zu mir: „Ich bin erst in der zweiten Ferienhälfte dran, dann aber komme ich endlich hier raus."

Nun möchte ich keinesfalls falsch verstanden werden und kann natürlich sehr gut nachempfinden, dass Menschen sich auf ihren Urlaub freuen, und den gönne ich jedem. Doch es macht mich schon nachdenklich, wie sehr manche Menschen ihrem Urlaub geradezu „entgegenfiebern" und wie negativ die Beschreibungen ihrer Arbeit bzw. ihrer Unternehmen sind. Ob wir wollen oder nicht, Arbeit wird für die allermeisten Menschen der weit überwiegende Zeitraum im Leben sein und es ist fraglich, ob es wirklich sinnvoll ist, diese nur auszuhalten, weil irgendwann der Urlaub kommt. Jedenfalls scheint mir das manchmal so.

Viel lieber würde ich z.B. einen Satz hören, der etwa wie folgt lauten könnte: „Mir geht's auch hier total gut und ich fühle mich prima, aber ich freue mich auch darauf, bald ein paar Wochen andere Leute und Gegebenheiten kennenzulernen."

Ich hoffe, Sie merken den Unterschied. Urlaub ist schön, aber eben nicht das Einzige, was mich den Alltag überhaupt noch ertragen lässt. Stellen Sie sich vor, welch ungeheure Erwartungen Sie auf den Urlaub fokussieren, wenn das die „einzig schöne Zeit im Jahr ist". Wer Erwartungen hat, kann enttäuscht werden und wer so große Erwartungen an den Urlaub hat, na ja, den Rest spare ich mir.

Falls Sie also Ihren aktuellen Job nur noch ertragen, weil Sie bald Urlaub haben, dann ist es sicher an der Zeit, sich ein paar ganz grundlegende Fragen zu stellen, denn auf Dauer wird dieser Modus nicht funktionieren. Das muss nicht unbedingt ein Jobwechsel sein, sondern kann auch eine Veränderung der inneren Einstellung, ein klärendes Gespräch mit dem Chef und/oder den Kolleginnen und Kollegen oder eine neue interne Aufgabe sein. Auf jeden Fall sollten Sie schauen, wie Sie mehr Zufriedenheit erreichen können, die nicht davon abhängig ist, dass Sie möglichst bald wieder Urlaub haben.

Meine Prognose wäre übrigens, dass auch Ihr Urlaub noch schöner und erholsamer wird, je zufriedener Sie unabhängig von diesem im Alltag sind. Denken Sie doch mal darüber nach.

Also, wohin geht es für Sie in diesem Jahr in Urlaub?

Ist es „endlich mal raus" oder „auch schön, mal woanders hinzukommen"?

Was – ganz konkret – wollen Sie angehen, um Ihre persönliche Situation völlig unabhängig vom Urlaub zu verbessern?

Freiraum für Ihre Gedanken

K18 Olympia

Ich will nicht nur an euren Verstand appellieren.
Ich will eure Herzen gewinnen.
Mahatma Gandhi

Höher, schneller, weiter!

Seit vielen Jahren stehen diese drei Adjektive für die Wettkämpfe der olympischen Spiele, die vor wenigen Tagen in Paris mit einer vielgelobten Eröffnungsfeier begonnen haben.

Manchmal scheint es, als stünden diese drei Adjektive auch für unsere gesamte aktuelle Zeit. Viele Veränderungen kommen immer schneller und in immer kürzeren Abständen auf uns zu. Viele Gewinne müssen scheinbar immer mehr in die Höhe geschraubt werden. Viele Ressourcen unserer Erde beuten wir immer weiter aus, ohne uns der Konsequenzen bewusst zu sein.

Olympia vereint die Jugend dieser Welt und die Jugend will, kann und soll sich im Wettkampf messen. Olympiasieger, der oder die Beste der Welt, das ist man für immer. Für viele Sportler ist dies das größte Ziel im Leben und sie nehmen dafür große Anstrengungen und Entbehrungen in Kauf. Ich habe die olympischen Spiele schon immer gerne verfolgt, habe großen Respekt vor den Athletinnen und Athleten und habe auch für meine Arbeit mit Teams und Führungskräften viele wertvolle Anregungen bei olympischen Wettkämpfen gefunden.

Für die Jugend der Welt erscheint „höher, schneller, weiter" so logisch, so sinn- und reizvoll. Aber trägt dieses Motto auch für unsere Welt in Gänze? Gelten nicht auch andere Grundsätze und sollten wir alle mit zunehmendem Alter nicht auch in andere Richtungen denken?

Viele meiner Klientinnen und Klienten berichten mir immer wieder, dass es irgendwann nur noch anstrengend war, immer mehr zu leisten, um immer schneller voranzukommen. Die Qualität der Arbeit leide, die Lebensqualität sowieso. Weniger ist mehr – diese so alte und banale Weisheit rücke für sie immer mehr in den Vordergrund.

In einem Trainingsfilm über Führung und Teamarbeit, der auf einem Matchrace-Boot spielt, sagt der Kapitän ziemlich zum Ende des Films: „Wenn man älter wird, ist es wichtiger die Dinge richtig zu tun, als zu gewinnen." Und für alle, die sich im Segeln nicht so auskennen: Im Matchrace treten zwei große Segelyachten gegeneinander an, eine gewinnt, eine verliert.

Mich hat dieser Satz des Kapitäns sehr beeindruckt, drückt er doch aus, dass es neben dem Gewinnen auch ganz andere Werte gibt und dass vielleicht unser Leben auch einen Wandel beinhaltet: Die Jugend trifft sich zum „höher, schneller, weiter", die Älteren treffen sich eher, um die Dinge richtig zu machen. Zumindest sollten sie das.

Wo stehen Sie gerade?

Inwieweit bestimmt „höher, schneller, weiter" Ihr Leben und wie geht es Ihnen damit?

Falls es Ihnen damit nicht gut geht, wie lange wollen Sie noch damit weitermachen?

Welche Dinge im Leben möchten Sie vielleicht lieber richtig machen als (nur) zu gewinnen?

Freiraum für Ihre Gedanken

K19 Oliver Zeidler

Sieger zweifeln nicht, Zweifler siegen nicht.
Christa Kinshofer

Für diesen Impuls bemühe ich nochmals die olympischen Spiele in Paris und dabei konkret die Goldmedaille von Oliver Zeidler im Rudern.

Rückblick: Schon vor drei Jahren in Tokyo war Zeidler der große Favorit auf die Goldmedaille, der amtierende Weltmeister im Einer, der fast alle Rennen der Saison dominiert hatte. Er war die „Bank" auf eine Goldmedaille für den deutschen Ruderverband. Doch dann kam alles ganz anders – der ein oder andere erinnert sich vielleicht. Es sind widrige Bedingungen auf der Ruderstrecke, windig und mit Wellengang. Zeidler patzt und scheidet für alle völlig überraschend im Halbfinale aus. Der große Favorit, der im Kopf vieler Experten schon Olympiasieger war, erreicht nicht einmal das Finale der besten sechs Boote, gewinnt schließlich das B-Finale und wird Siebter.

Drei Jahre später in Paris ist alles anders: Es ist „Zeidler-Wetter" wie ein Kommentator und auch sein Vater, der auch sein Trainer ist, bemerkt. Ruhig liegt das Wasser da, windstill und sonnig sind die äußeren Verhältnisse. Bereits im Halbfinale hat Oliver Zeidler „einen rausgehauen": Er rudert olympischen Rekord – nie zuvor war ein Boot schneller auf den olympischen zwei Kilometern unterwegs. Er ist wieder der – scheinbar unschlagbare – Goldfavorit.

Dann ein Störfaktor – einer der Ruderer wird in eine Buspanne verwickelt und ist nicht rechtzeitig vor Ort. Der Start wird nochmals um eine Stunde verschoben. So ist es schließlich das letzte Ruderrennen der olympischen Spiele von Paris als die sechs Boote des Endlaufes schließlich auf den Startpositionen stehen. Vier Abschnitte von je 500 Metern, so haben wir vorher vom Vater und Trainer gehört, so teilt sich Olver Zeidler die Strecke ein. Für jeden Abschnitt haben sie einen konkreten Matchplan ausgearbeitet. Zeidler braucht die Pläne nicht: Es wird ein überlegener Start-Ziel-Sieg – er rudert an diesem Tag in einer anderen Liga, niemand kann ihm folgen! Als die Uhr schließlich stehen bleibt hat er überragende 5,5 Sekunden Vorsprung vor dem Gewinner der Silbermedaille und man hatte nicht den Eindruck, dass er auf den letzten Metern noch voll durchgezogen hat. Es ist ein Triumph – Gold für Zeidler – Olympiasieg!

Nach dem Rennen folgen die Interviews und die Reporterin hat auch Fragen zu Tokyo vor drei Jahren, der großen Niederlage und natürlich dazu, was diesmal anders war. Schließlich fragt Sie Zeidler:

„War das vielleicht Ihre größte Leistung, mental aus dem Loch von 2021 wieder rauszukommen und im Kopf wieder klar und bereit zu sein?" Zeidler bejaht.

Da steht er, dieser 2,01 Meter große Modellathlet, austrainiert und muskelbepackt. Natürlich hat er auch körperlich sicher viel gearbeitet, sein Boot optimiert und vieles mehr, doch wir alle sind live dabei, als Zeidler der ganzen Welt die Botschaft sendet: Erfolg entsteht vor allem im Kopf!

Vor welchen Herausforderungen stehen Sie gerade? Was sind Ihre Gedanken? Denken Sie Erfolg?

Welche „großen Niederlagen" gab es schon einmal für Sie und wie sind Sie im Kopf damit klargekommen?

Wer oder was könnte Ihnen helfen, im Kopf klar zu sein und sich auf Erfolg zu fokussieren?

Freiraum für Ihre Gedanken

Nachwort

Ich freue mich, wenn Sie auch in diesem dritten Band der Reihe „Das knallrote Cabrio" wieder zahlreiche Impulse gefunden haben, aus denen Sie für sich etwas mitnehmen konnten.

Ganz bewusst schreibe ich keine Bücher, in denen ich Ihnen sage, „wie es geht". Zu viele dieser Bücher habe ich selbst gelesen und funktioniert hat es bei mir fast nie. Wie soll auch jemand anderer wissen, was gut für mich ist? Wer außer mir soll das beantworten? Wer außer Ihnen soll beantworten, was gut für Sie ist? Das müssen Sie selbst tun und ich hoffe, ich konnte Ihnen dafür ein paar Hilfestellungen geben.

Das „knallrote Cabrio" sagt: „Tschüss!" und vielen Dank für Ihr Interesse und Ihre Lektüre.

Falls Sie Lust haben weiterhin immer mal wieder selbstkritisch in den Spiegel zu schauen, dann abonnieren Sie doch meinen Blog, in dem Sie immer wieder Impulse zur Selbstreflexion finden können.

Weitere Infos dazu finden Sie unter: www.marioporten.de

Sehr freuen würde ich mich über ein Feedback von Ihnen! Schreiben Sie mir gerne eine Mail unter post@marioporten.de.

DANKE, dass Sie mein Buch gelesen haben – alles Gute für Sie und bleiben Sie gesund!

Vorwort zum ersten Band
„Das knallrote Cabrio"

Liebe Leserinnen und Leser!

„Wofür arbeiten wir beide zusammen?", diese Frage steht immer am Anfang meiner Zusammenarbeit mit einem neuen Klienten. Die Antwort, die ich bekomme, lautet meist so ähnlich wie: „Also, ich habe folgendes Problem...". Das ist natürlich keine Antwort auf meine Frage, aber das erwarte ich auch gar nicht. Die Zielfindung ist im Coaching schließlich die erste, sehr wichtige Intervention und bedarf Zeit. Oft habe ich inzwischen erlebt, dass allein die Zielfindung für meine Coachingnehmer bereits der halbe Weg zum Erfolg war.

Die Problem-Antwort ist typisch für die spontane Reaktion vieler Klienten, weil sie zeigt, wie es ihnen gerade geht. „Problem", das ist bei uns ein klar negativ besetzter Begriff. Wenn ich ein „Problem" habe, kann es mir nicht gut gehen. Probleme belasten uns, hemmen uns und machen uns das Leben schwer. Doch wer entscheidet, dass wir ein „Problem" haben? Das tun wir ganz allein – wir selbst definieren eine bestimmte Situation als „Problem". Und schon fühlen wir uns schlecht.
Probieren Sie es am besten gleich aus und sagen Sie zunächst:
„Ich habe ein massives Problem."
Danach sagen Sie:
„Ich stehe vor einer spannenden Herausforderung!"

Und? Fühlt sich beides gleich an?
Wahrscheinlich nicht und damit sind wir mittendrin in der

Beschreibung von Wahrnehmung und Konstruktivismus[1].

Probleme gibt es nicht, sie werden gemacht, und zwar von uns! So erlebe ich denn auch viele meiner Klienten und das ist sehr wertschätzend gemeint. In ihrer aktuellen Bewertung der gegenwärtigen Situation erleben sie sich hilflos, ausgeliefert, machtlos oder so ähnlich. Sie sind es aber nicht, ihre Kompetenzen, ihre Stärken, ihre Lösungsideen sind alle noch da, nur der Zugang dazu ist ihnen gerade nicht möglich.

Deshalb ist Business Coach so ein spannender Beruf: Jedes Mandat beinhaltet eine neue Suche nach anderen Sichtweisen, nach verlorengeglaubten Kompetenzen, nach neuen Wegen, nach mehr Zufriedenheit und dadurch auch mehr Erfolg. Es wiederholt sich nichts, jeder Mensch ist einzigartig, jeder Fall ist einzigartig.

Immer wieder ist meine wichtigste Aufgabe als Coach, Perspektiven zu verändern, neue Blickwinkel zu eröffnen und meinen Klienten zu ermöglichen, ihre Bewertungen zu überprüfen. Hätten Sie nicht auch lieber spannende Herausforderungen anstelle von massiven Problemen?

> *Probleme kann man niemals*
> *mit der gleichen Denkweise lösen,*
> *durch die sie entstanden sind.*
> *Albert Einstein*

Meine Impulse zielen darauf ab, Ihnen eine Möglichkeit zu bieten, Dinge neu zu bewerten und damit für sich neue Handlungsmöglichkeiten zu erkennen und

---

[1] Sammelbegriff für unterschiedliche erkenntnis-theoretische Konzepte, die davon ausgehen, dass Menschen mit ihren Wahrnehmungen die Welt nicht einfach „abbilden" können, sondern sie „konstruieren".

umzusetzen, genau wie meine Klienten. Irgendwann habe ich begonnen, jeden Samstag einen solchen Impuls in meinem Blog zu veröffentlichen. Wenn Sie schon einmal darin gelesen haben, wird Ihnen der ein oder andere Impuls sicher bekannt vorkommen.

Ich möchte Ihnen gerne eine Empfehlung für die Lektüre meines Buches geben:

Sie könnten es in einem Zug durchlesen und danach überlegen, welcher Impuls für Sie besonders gut passt und Sie inspiriert. Ich gehe nicht davon aus, dass Sie alle Impulse begeistern werden, das kann nicht das Ziel sein. Ein Impuls entfaltet seine Wirkung in der Regel nur dann, wenn wir über ihn auch nachdenken. Lesen wir allerdings viele Impulse auf einmal, dann ist dies weitaus schwieriger, weil sich die einzelnen Aussagen vermischen.

Ich würde mir daher wünschen, dass Sie nach jedem Impuls innehalten und ihn auf sich wirken lassen. Daher habe ich nach jedem Impuls eine leere Seite eingefügt, die es Ihnen ermöglicht, Ihre eigenen Gedanken festzuhalten – wenn Sie das denn möchten.

Sie haben vielleicht schon bemerkt, dass die Zahl von 52 Impulsen bewusst mit der Anzahl der Wochen im Jahr korrespondiert. Sich einen Wochentag auszusuchen, an dem Sie jeweils einen Impuls lesen, der Sie dann durch die Woche begleitet, könnte also auch eine Art und Weise sein, dieses Buch zu lesen.

Die Impulse müssen Sie nicht chronologisch lesen, denn außer den Impulsen 1.14 und 1.15, die die Ausnahme von der Regel bilden, bauen diese nicht aufeinander auf.

Übrigens, warum heißt dieses Buch „Das knallrote Cabrio"? Die Antwort ist ganz einfach: Vor einigen Jahren arbeitete ich mit Maik, Anfang 40, Vorstand eines größeren Mittelständlers. Er stand vor einer Entscheidung, die sein Leben nachhaltig verändern sollte, nämlich weitermachen wie bisher oder alles aufgeben und etwas komplett Neues anfangen. Er stand in seiner Intervention in der Position des Neuanfangs und ich fragte ihn: „Wenn diese Position ein Auto wäre, wie sähe das aus?" Sie ahnen die Antwort bereits, denn er riss die Arme nach oben und sagte mit leuchtenden Augen: „Das ist ein knallrotes Cabrio!"

Nur wenige Minuten vorher hatte er in der Position gestanden, in der er weitermachen würde wie bisher. Das war immerhin eine Anstellung mit Sekretärin, Fahrer und sechsstelligem Gehalt. Auch hier hatte ich ihn gebeten, ein Auto als Metapher zu suchen und seine Antwort hatte mich zusammenzucken lassen: „Das ist ein Leichenwagen."

Ein paar Monate später kaufte er sich tatsächlich ein Cabrio, nur rot war es nicht.

Ich danke Ihnen dafür, dass Sie mein Buch in Händen halten, viel Spaß bei der Lektüre und hoffentlich viele wertvolle Impulse auf Ihrem Weg vom Problem zur Herausforderung.

Bad Segeberg, im Herbst 2020
Mario Porten

Wir müssen das, was wir denken, auch sagen.
Wir müssen das, was wir sagen, auch tun.
Und wir müssen das, was wir tun, dann auch sein.
Alfred Herrhausen

Über den Autor:

Über 20 Jahre hat Mario (Jg. 1967) im Bankensektor gearbeitet und war zuletzt Vorstandsvorsitzender einer großen Sparkasse. Neben zahlreichen Fusionen prägten
Vertriebs- und Sanierungsthemen seinen Berufsalltag,
der ihn insgesamt durch vier Bundesländer führte. Er war
Keynote-Speaker auf Fachtagungen und Autor diverser
Fachartikel.

Seit mehr als 15 Jahren arbeitet Mario als selbständiger
Führungskräftetrainer und Business Coach. In unterschiedlichen Formaten vom Einzelcoaching bis zu Groß-
gruppenveranstaltungen hat er seitdem hunderte Führungskräfte begleitet. Das Unternehmensspektrum reicht
dabei vom kleinen Mittelständler bis zu DAX-Konzernen.
Marios Weg zum Business Coach wurde durch eigene,
positive Coachingerfahrungen als Klient, die er in seiner
Zeit als Bankvorstand gemacht hat, inspiriert. Er ist Vater
von zwei erwachsenen Kindern und lebt mit seiner Frau
seit über 20 Jahren in Schleswig-Holstein.

www.marioporten.de

post@marioporten.de

Danksagung

Mein herzlicher Dank gilt meiner lieben Frau Verena, die wie bei all meinen Büchern auch diesmal zahlreiche Schreibfehler verbessert und viele Formulierungen leserfreundlicher gestaltet hat.

Für die Unterstützung bei der Gestaltung des Covers, insbesondere ihre Arbeit als Fotografin, gilt mein ganz besonderer Dank meiner Tochter Daria.

Das knallrote Cabrio auf dem Titelfoto wurde mir freundlicherweise von Frau Sabine Gottschlich zur Verfügung gestellt, wofür ich mich ebenfalls sehr herzlich bedanke.

Ein Dankeschön gilt auch meinen Klientinnen und Klienten für ihr Vertrauen in die Zusammenarbeit mit mir. Ohne sie gäbe es viele der Geschichten in diesem Buch nicht. Der Mut, an sich zu arbeiten und sich den Herausforderungen zu stellen, beeindruckt mich als Coach immer wieder aufs Neue. Ich freue mich sehr, dass ich in nunmehr 15 Jahren schon so viele Menschen zufriedener und dadurch auch erfolgreicher machen konnte. Danke für so viel Vertrauen.

Weitere Publikationen von Mario Porten:

Mario Porten: Das knallrote Cabrio – 52 Impulse zur Selbstreflexion, Verlag BoD Books on Demand, Norderstedt, 2020
ISBN: 9783752670233

Mario Porten: Freie Fahrt für Ihre Gedanken
Das knallrote Cabrio, Band 2
52 neue Impulse zur Selbstreflexion
Verlag BoD Books on Demand, Norderstedt, 2022
ISBN: 9783755735014

Mario Porten

Freie Fahrt für Ihre Gedanken
Das knallrote Cabrio
Band 2

52 neue Impulse
zur Selbstreflexion

Mario Porten: Inspiration Eichhörnchen, Ein Leitfaden für Ihr Selbstcoaching, BoD Books on Demand, Norderstedt, 2021
ISBN: 9783754318058

Mario Porten: Eichhörnchen im Garten / Squirrels in my garden, Ein Bildband / Illustrated book, BoD Books on Demand, Norderstedt, 2021
ISBN: 9783754332481

Mario Porten: Eichhörnchen im Garten 2 / Squirrels in my
garden 2, Ein Bildband / Illustrated book, BoD Books on
Demand, Norderstedt, 2021
ISBN: 9783755727507

Mario Porten: Eichhörnchen im Garten 3 / Squirrels in my garden 3, Ein Bildband / Illustrated book, BoD Books on Demand, Norderstedt, 2022
ISBN: 9783756225866

Mario Porten

Eichhörnchen im Garten 3 / Squirrels in my garden 3

**Bildband /
Illustrated book**

Mario Porten: Eichhörnchen im Garten 4 / Squirrels in my garden 4, Ein Bildband / Illustrated book, BoD Books on Demand, Norderstedt, 2023
ISBN: 9783756881208

Mario Porten

**Eichhörnchen im Garten 4 /
Squirrels in my garden 4**

Ein Bildband /
Illustrated book

Mario Porten (Hrsg.): Was Führungskräfte und Mitarbeiter vom Spitzensport lernen können, Gabal Verlag, 2006
ISBN 3897496534

Mario Porten: Banken-Coach für den Mittelstand, Verlag Pro Business GmbH, 2010
ISBN 9783868056372

Wir sind das Team von

MP

Mario Porten

Trainer und Coaches
Sparringspartner und Wegbegleiter
Zuhörer und Berater
Impuls- und Ideengeber

Einfach für Sie da.

**Wir machen Menschen zufriedener
und dadurch auch erfolgreicher.**

www.marioporten.de

post@marioporten.de

Milton Keynes UK
Ingram Content Group UK Ltd.
UKHW031843121024
449535UK00010B/526

9 783759 734020